プロの味を決める

ソース・たれ・ドレッシング・合わせ調味料

和・洋・中・韓・ベトナム・タイの、簡単で"使える"

ソース **201**

＋

活用料理 **201**品

料理に添えたり、調理に使われるソースやドレッシング、たれや合わせ調味料は、その料理の味を決定する重要な要素。どのお店も力を入れる部分ですが、そればかりに時間や原価をかけられないのも事実。できるだけ身近な調味料や素材を使い、できるだけ手間をかけず、食べた方に喜んでいただける味を提供したい。さまざまな料理に使えたり、季節らしさを加えたり、そんな"使える"ソースを数多く知りたい。そう考える飲食店の方は多いことでしょう。そこで本書では、幅広いジャンルの8人のシェフたちに、そんな役に立つソースやたれなどを多数、それらを使った料理とともに教えていただきました。

　レストラン、ワインバー、居酒屋、カフェなどの飲食店はもちろん、料理を楽しむすべての方に、お役立ていただければ幸いです。

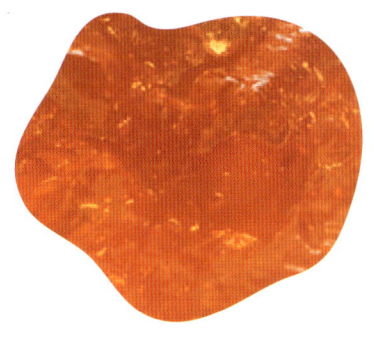

目次

フレンチ・イタリアン

酒で作る

- 赤ワインソース(古屋) 10
- マデラソース(古屋) 11
- しっかり赤ワインソース(有馬) 12
- 軽い赤ワインソース(有馬) 13
- ハモの赤ワインソース(有馬) 14
- シンプル赤ワインソース(和知) 16
- キャラメル赤ワインソース(和知) 18
- 白ワインソース(古屋) 19
- 昆布だし白ワインソース(和知) 20
- スパイシー白ワインソース(和知) 22
- ウイスキーソース(和知) 24

オイルで作る

- ベジタブルオイル(和知) 26
- ドライ・ハーブ・オイル(和知) 27
- カレー・コーヒー・オイル(和知) 28
- タイムとニンニクのソース(古屋) 29
- クルミオイルドレッシング(ヴィネグレットソース)(古屋) 30
- 生姜ドレッシング(古屋) 31
- カルダモンドレッシング(古屋) 32
- オニオンドレッシング(有馬) 33
- 柚子ドレッシング(有馬) 33

バターで作る

- ハーブバター(和知) 34
- エスカルゴバター(古屋) 36
- 赤ワインバター(和知) 37
- 酒盗バター(有馬) 38
- ブール・ノワゼット・ソース(古屋) 39

乳製品で作る

- 40 クリームソース(有馬)
- 40 塩辛のクリーム(有馬)
- 41 玉ねぎのベシャメル(古屋)
- 42 キャビアとクリームのソース(古屋)
- 43 ヨーグルトマヨネーズ(有馬)
- 44 チーズソース(和知)

ビネガーで作る

- 46 バルサミコソース(有馬)
- 46 タイムビネガー(和知)

スパイス・チョコレート・砂糖で作る

- 47 ミックススパイス(有馬)
- 47 マサラ(和知)
- 48 チョコレートソース(古屋)
- 49 キャラメルソース(古屋)

野菜・植物性食品で作る

- 50 パセリとニンニクのソース(古屋)
- 51 バジルのソース(古屋)
- 52 ほうれん草のソース(古屋)
- 53 サルサ・ヴェルデ(グリーンソース)(有馬)
- 54 かぶの葉のソース(有馬)
- 55 バジリコのソース(有馬)
- 55 シブレットのソース(有馬)
- 56 バジリコとレモンのソース(有馬)
- 56 サンショウのソース(有馬)
- 58 きゅうりのソース(古屋)
- 59 トマトソース(有馬)

ハーブのトマトソース(古屋)	60	
ドライトマトソース(有馬)	61	
トマトジュレ(古屋)	61	
自家製ケチャップ(和知)	62	
バーベキューソース(和知)	63	
ビーツのソース(有馬)	64	
ビーツのソース(古屋)	64	
ビーツのラビコットソース(古屋)	66	
とうもろこしドレッシング(有馬)	67	
とうもろこしのソース(有馬)	67	
とうもろこしマヨネーズ(有馬)	68	
かぼちゃのソース(有馬)	69	
かぶのソース(古屋)	70	
ごぼうのソース(古屋)	71	
ソフリット(有馬)	72	
刻み野菜のサルサ(和知)	72	
ソテーオニオンソース(有馬)	73	
ニンニクソース(有馬)	74	
バーニャカウダソース(有馬)	75	
自家製タバスコ(和知)	76	
生姜のソース(古屋)	76	
黒オリーブソース(有馬)	77	
パンのソース(有馬)	77	
シャンピニオンデュクセル(古屋)	78	
きのこのラグーソース(古屋)	79	
豆腐マヨネーズ(和知)	80	

果物で作る

82	いちごのソース(古屋)
83	みかんのジュレ(古屋)
84	ライムのソース(古屋)
84	コリアンダーオレンジソース(古屋)
86	りんごのソース(古屋)
87	ドラゴンフルーツとバジルシードのソース(古屋)
88	いちじくのソース(古屋)
89	梅ソース(有馬)
90	ドライフルーツのソース(有馬)
90	びわのソース(有馬)

魚介・魚介加工品で作る

92	いかすみのソース(有馬)
94	いかすみのソース(古屋)
95	あわびの肝ソース(有馬)
96	あゆの肝ソース(有馬)
98	アンショワヤード(アンチョビペースト)(古屋)
99	あさりのだし(有馬)
100	ソース・ブイヤベース(古屋)

肉・肉加工品で作る

102	豚肉ソース(和知)
102	なめらか豚肉ソース(和知)
104	ミートソース(有馬)
104	鴨のミートソース(有馬)
106	パンチェッタのソース(有馬)

卵で作る

107	タルタルソース(有馬)
108	卵黄とシェリービネガーのソース(古屋)

和食

基本のたれ・合わせ調味料
- お浸しだし（吉岡） 110
- うどんだし（吉岡） 110
- そばがえし（吉岡） 111
- 土佐酢（吉岡） 112
- ポン酢（吉岡） 113
- ごまだれ（吉岡） 114
- ごま酢（吉岡） 114
- ごまつゆ（吉岡） 115
- ごましゃぶだれ（吉岡） 115
- 白和え衣（江﨑） 116
- 白酢和え衣（江﨑） 117
- 万能煮つけだれ（江﨑） 118
- 照り焼きだれ（江﨑） 119

味噌で作る
- 柚子味噌（吉岡） 120
- ごま味噌（吉岡） 121
- きのこ味噌（吉岡） 122
- トマト味噌（吉岡） 122

おろしだれ
- かぶおろしだれ（吉岡） 124
- きゅうりおろしだれ（吉岡） 124
- にんじんおろしだれ（吉岡） 125

ジュレ
- お浸しだしジュレ（吉岡） 126
- 土佐酢ジュレ（吉岡） 127
- ポン酢ジュレ（吉岡） 128
- 梅酒ジュレ（吉岡） 129

和食に合うマヨネーズ
- マヨネーズ（スタンダード）（江﨑） 130
- マヨネーズだれ（江﨑） 131

だしで作る
- 美味だし（江﨑） 132
- ココナッツハマグリソース（江﨑） 132

野菜・果物・植物性食品で作る
- 夏の緑々ソース（江﨑） 134
- アボカドソース（江﨑） 135
- たけのこソース（江﨑） 135
- カリフラワーソース（江﨑） 136
- 清見オレンジとミントのソース（江﨑） 136
- いちごのドレッシング（江﨑） 138
- 文旦（ぶんたん）ドレッシング（江﨑） 139
- 豆乳ソース（江﨑） 140
- 香味ドレッシング（江﨑） 142
- ジンジャードレッシング（江﨑） 143
- 黒オリーブソース（江﨑） 144

珍味で作る
- あわびの肝トマトだれ（江﨑） 145
- うにソース（江﨑） 146

中華・韓国・ベトナム・タイ料理

中華の炒め物ソース
- 蠔油ソース（菰田） 148
- 青椒肉絲ソース（菰田） 149
- 豆豉ソース（菰田） 150
- 奶油ソース（菰田） 152
- 藻塩ソース（菰田） 153

	馬垃醤(菰田) 154	187	マンゴーチリソース(菰田)
	紅麹ソース(菰田) 155	188	オレンジソース(菰田)
	翡翠(ヒスイ)ソース(菰田) 156	190	香菜ドレッシング(菰田)
	糖醋ソース(菰田) 157	191	ピータンソース(菰田)
	チリソース(菰田) 158	192	クコの実ソース(菰田)
	咖哩醤ソース(カレーソース)(菰田) 159	193	赤酢ジュレソース(菰田)
	回鍋肉ソース(菰田) 160	194	ハイビスカスソース(菰田)
		195	金木犀(キンモクセイ)ソース(菰田)

中華の和える・添える・かけるソース

韓国料理のたれ・ソース

	麻辣ソース(菰田) 162	196	醤油だれ(金)
	XOソース(菰田) 163	198	キウィリンゴだれ(金)
	沙茶醤ソース(菰田) 164	199	コチュジャンだれ(金)
	スパイシーソース(菰田) 165	200	マヨネーズソース(金)
	紅油ソース(菰田) 166	201	松の実ソース(金)
	連鍋湯ソース(菰田) 167	202	韓国酢醤油(金)
	黒胡椒ソース(菰田) 168	203	チョジャン(金)
	旨辛胡麻ソース(菰田) 169		
	蒸し魚ソース(菰田) 170		

ベトナム・タイ料理のたれ・ソース

	紹興酒ソース(菰田) 171	204	ヌクチャム(鈴木)
	怪味ソース(菰田) 172	206	なます入りヌクチャム(鈴木)
	魚香ソース(菰田) 174	207	香味ソース(鈴木)
	芥茉ソース(菰田) 175	208	ディルマヨネーズ(鈴木)
	姜汁ソース(菰田) 176	209	ピーナッツ入りごま塩(鈴木)
	葱油ソース(菰田) 177	209	バター+グラニュー糖(鈴木)
	香味醤油ソース(菰田) 178	210	塩、こしょう、ライム(レモン)だれ(鈴木)
	葱生姜ソース(菰田) 179	211	香菜ジェノベーゼ(鈴木)
	葱油風味明太子ソース(菰田) 180	211	ゆで卵入りヌクマムだれ(鈴木)
	リンゴ酢ソース(菰田) 182	212	きのこ鍋のたれ(鈴木)
	黒酢ソース(菰田) 183	214	パパイヤサラダのたれ(鈴木)
	マヨネーズ入り胡麻ソース(菰田) 184	215	バジル炒めのたれ(鈴木)
	梅ソース(菰田) 186	216	ヌクマムだれ(鈴木)

撮　影　海老原俊之
デザイン　山本 陽、菅井佳奈(エムティクリエイティブ)
編　集　長澤麻美

本書をお使いになる前に

- 各ソース名の横に、そのソースに合う料理、素材などの例（●）と、保存期間（●）を記しています。
  保存期間はそのお店の保存状態による期間ですので、目安としてください。
- 本書中の1カップは200ml、大さじ1は15ml、小さじ1は5mlです。
- E.V.オリーブ油は、エクストラ・バージン・オリーブ油のことです。
- バターは、特に有塩と表記されていない場合、無塩バターを使用しています。
- 醤油は、特に表記のない場合濃口醤油を使用しています。
- フォンドボー、ブイヨン、フュメ・ド・ポワソン、ブロード、スーゴ・ディ・カルネなどは、
  いつもお使いのものを使用してください（市販品可）。

フレンチ・イタリアン

古屋壮一（ルカンケ）
和知徹（マルディ グラ）
有馬邦明（パッソ ア パッソ）

酒で作る

赤ワインソース

- 牛肉のステーキなどに。
- 冷蔵庫で1週間以上。

フォンドボーをベースにすれば、赤ワインソースも簡単に作れる。

材料（作りやすい量）
エシャロット（みじん切り）…1個分
赤ワイン…200ml
フォンドボー…300ml

1　鍋に赤ワインとエシャロットを合わせて火にかけ、水分がほとんどなくなるまで煮詰める。
2　1にフォンドボーを加え、半量になるまで煮詰める。

＊フォンドボーはいつも使用しているものでよい（市販品でも可）。

◎ウフ・ムレット

材料（作りやすい量）
パン…1枚
卵（温泉卵）…1個
赤ワイン…適量
赤ワインソース（上記参照）…適量
ベーコン（拍子木切り）、マッシュルーム（4等分のくし形切り）、ペコロス（皮をむき半分に切る）、サラダ油
　…各適量
A ┌ ミニョネット（つぶした粒コショウ）、フルール・ド・
　└ セル、パセリ（みじん切り）…各少量

1　パンはトーストする。
2　温泉卵は殻をむき、赤ワインの中で温める。
3　皿に1のパンを置いて2の温泉卵をのせ、温めた赤ワインソースをかけて、サラダ油でソテーしたベーコン、マッシュルーム、ペコロスを添える。卵の上にAをのせる。

＊ブルゴーニュのビストロ料理。

古屋壯一

マデラソース

● フォアグラのポワレに。蒸したアナゴに塗ってフライパンで焼きつけて照り焼き風に。白子のパイ包みに添えるなど。 ● 冷蔵庫で1週間以上。

甘いたれといったイメージ。
強い味の素材によく合う。

材料（作りやすい量）
マデラ酒 … 750ml
フォンドボー … 200ml

1　マデラ酒を1/3量に煮詰める。
2　1にフォンドボーを加え、2/3量に煮詰める。

◎ フォアグラのポワレ
　マデラソース

フォアグラに塩、コショウをし、小麦粉をつけてフライパンで焼く。器に盛り、温めたマデラソース（上記参照）をかけ、ピンクペッパー、エシャロット（みじん切り）、フルール・ド・セルをのせる。

古屋壯一

11　フレンチ・イタリアン　酒で作る

しっかり赤ワインソース

● 肉のローストなどに。　● 冷蔵庫で1週間。

水を加えずに作る、濃い赤ワインソース。マルサラやシェリー酒などを使ったバリエーションも可能。

材料（作りやすい量）
鴨の骨（仔羊など、そのときにある他の骨でもよい）…2羽分
香味野菜
　玉ネギ（薄切り）…1個分
　長ネギ（薄切り）…1本分
　ニンジン（薄切り）…1本分
　パセリ…適量
　大根の皮…適量
赤ワイン…800〜1200ml
ブロード（薄めのもの）…少量

1　鴨の骨、香味野菜、赤ワインを鍋に合わせて火にかけ、ゆっくりと煮詰める。水分が少なくなってきたら、薄めのブロードを足す。
2　1が1/5量ほどまで煮詰まったら漉す。

◎ 鴨のロースト　赤ワインソース

材料
鴨ロース肉…適量
しっかり赤ワインソース（上記参照）…適量
塩、コショウ…各適量
山ブドウ…適量
ホウレン草（塩ゆでにしたもの）…適量

1　鴨肉に塩、コショウをし、フライパンで焼いて、200℃のオーブンで2〜3分焼く。
2　1の肉を取り出してやすませておく。フライパンの焼き汁（ジュ）に赤ワインソースを加えて旨みをこそげ落として溶かし、山ブドウを加えて温める。
3　水気を切ったホウレン草を器に敷き、鴨肉を食べやすい大きさに切り分けて盛り付け、2のソースを添える。

有馬邦明

軽い赤ワインソース

- リゾットや煮込み、ミートソースに加えたり、ウナギやアナゴに塗って焼くなど。カツレツのソースにも。
- 冷蔵庫で1週間。

水を加えて作る、薄めの赤ワインソース。

材料(作りやすい量)
鴨の骨(仔羊など、そのときにある他の骨でもよい)…2羽分
香味野菜
　玉ネギ(薄切り)…1個分
　長ネギ(薄切り)…1本分
　ニンジン(薄切り)…1本分
　パセリ…適量
　大根の皮…適量
赤ワイン…200ml

1　鴨の骨、香味野菜、赤ワイン、水600ml〜1ℓを鍋に合わせて火にかけ、ゆっくりと煮詰める(沸騰してから火を弱め、2〜3時間)。
2　味がスープにしっかり移ったら漉す。

◎牛カツレツ

材料
牛肉(2cm厚さ)…適量
香草パン粉＊…適量

塩、コショウ、小麦粉、卵、オリーブ油
　…各適量
軽い赤ワインソース(上記参照)…適量

＊香草パン粉:パン粉、ニンニク、オレガノ、ローズマリー、パセリ(すべてみじん切り)、ナツメグ、すりおろしたパルミジャーノ・チーズを混ぜ合わせる。

1　牛肉に塩、コショウをし、フライパンで軽く下焼きして冷ましておく。
2　1に小麦粉、溶き卵、香草パン粉の順につける。
3　フライパンに、肉が1/4浸るくらいのオリーブ油を入れて火にかけ、2の肉を入れて弱火で焼く。8割ほど焼けたら裏返して火を入れる。
4　器に盛り、スダチの果汁とすりおろしたスダチの皮で和えた桃(分量外)を添え、赤ワインソースを添える。

有馬邦明

ハモの赤ワインソース

- ハモの料理の他、ウナギ、アナゴなど脂の強い魚によく合う。
- 冷蔵庫で1週間。

ハモの骨を加えて煮詰め、ハモの香りを移す。肝も一緒に炊いて、つぶして溶かし込んでもよい。

材料
軽い赤ワインソース（p.13参照）… 適量
ハモの中骨と頭… 適量
塩… 適量

1 ハモの中骨と頭は、塩焼きにしておく。
2 赤ワインソースを鍋に入れ、その倍量の水を加え、1を入れてゆっくりと煮詰める。ハモのゼラチン質が溶けて濃度が出てきたら漉す。

◎ ハモのハンバーグ

材料(1個分)
ハモのハンバーグ
- ハモの身（三枚におろしたもの。小骨入り）… 200g
- ソフリット（p.72参照）… 大さじ2
- パン粉… 大さじ3〜4
- ニンニク（みじん切り）… 少量
- 生姜（みじん切り）… 少量
- 卵黄… 1個
- ジャガイモ（ゆでて皮をむき、つぶしたもの）… 小1個分
- ナツメグ、塩、コショウ… 各適量

ハモの赤ワインソース（上記参照）… 適量
青菜（塩ゆでしたもの。写真はビエトラ）… 適量

1 ハモの身を、ミンサーで細挽きにする。
2 1と残りのハモのハンバーグの材料を混ぜ合わせ（ハモの赤ワインソースも少量加える）、ハンバーグ状に形作る。
3 2をフライパンで焼いて器に盛り、ハモの赤ワインソースをかける。青菜を添える。

有馬邦明

15 ｜ フレンチ・イタリアン　酒で作る

シンプル赤ワインソース

● ステーキのソースに。ゆで卵をマリネしてもよい。デザートにも。 ● 冷蔵庫で1週間ほど。冷凍なら1カ月ほど。

和知 徹

野菜のピューレを使っているので、長く煮込まなくてもとろみが出る。

材料（作りやすい量）
A ┌（すべて生の野菜をミキサーにかけたもの）
　│　玉ネギのピューレ …1個分
　│　ニンニクのピューレ …1粒分
　│　ニンジンのピューレ
　│　　…1/2本分
　└　セロリのピューレ … 少量
無塩バター…20g
ハチミツ…大さじ1
赤ワイン…200ml
塩、コショウ … 各適量

1　鍋にバターを入れて中火にかけ、Aの野菜のピューレを入れ、塩、コショウをして炒める。
2　しんなりしてきたら赤ワインを加え、煮込んでアルコール分を飛ばす。ハチミツを入れて味を調える。

◎サイコロステーキ

牛サイコロステーキ肉200gを、ニンニクのスライスとともに無塩バター15gで焼き、仕上げにシンプル赤ワインソース（上記参照）大さじ2を加えてからめる。

◎ サワークリーム ＋ フルーツでデザート

サワークリーム100gにグラニュー糖30gで甘みをつけ、季節のフルーツと盛り合わせ、シンプル赤ワインソース（p.16参照）をかける。

＊甘いデザートが苦手な方に喜ばれる。赤ワインに添えるおつまみ的な使い方もできる。

キャラメル赤ワインソース

● 野菜炒めや煮物に加える。魚のポワレに加える。パスタやチャーハンにも。 ● 冷蔵庫で2週間。

p.16の赤ワインソース＋キャラメルで作る、簡単デミグラス風ソース。

材料（作りやすい量）
シンプル赤ワインソース
　（p.16参照）…p.16の量
キャラメル（下記参照）… 大さじ2

混ぜ合わせる。

キャラメル（作りやすい量）

グラニュー糖200gをフライパンに入れ、弱火にかけて焦がし、温めておいた水100mlを徐々に加えた後、味の調整分のグラニュー糖100gを加える。グラニュー糖が溶けたらでき上がり。

◎ 鴨胸肉のステーキ

塩、コショウをしてオリーブ油で焼き上げた鴨肉を切り分けて盛り、キャラメル赤ワインソース（上記参照）をかけ、つぶした粒コショウと岩塩を散らす。

和知徹

白ワインソース

魚のソースに。泡立てた生クリームと合わせ、魚介のグラタンにするなど。
● 冷蔵庫で1週間。

白ワインに魚介の旨みを加えた万能なソース。

材料（作りやすい量）
白ワイン …500ml
エシャロット（みじん切り）…1個分
フュメ・ド・ポワソン …200ml
生クリーム …500ml

1　鍋に白ワインとエシャロットを合わせて火にかけ、水分がほとんどなくなるまで煮詰める。
2　1にフュメ・ド・ポワソンを加えて1/10量になるまで煮詰め、生クリームを加えて2/3量になるまで更に煮詰める。漉す。

◎ イトヨリのポワレ

イトヨリの切り身に塩をしてフライパンで焼き、器に盛り、温めた白ワインソース（上記参照）を添え、ナスタチウムを飾る。

古屋壮一

昆布だし白ワインソース

● 白身の魚や野菜の温かい料理に。洋風おじやを作ってもおいしい。● 冷蔵庫で1〜2日。

和知 徹

白ワインに昆布だしの風味を加えた、意外に万能なソース。

材料(作りやすい量)
白ワイン … 300ml
昆布 … 5cm×15cm
水 … 300ml
無塩バター … 100g
塩 … 適量

1 昆布は分量の水に浸けて、昆布だしにしておく。
2 白ワインを鍋に入れ、アルコール分を飛ばす。
3 2に1の昆布だしを加え、200mlになるまで煮詰める。
4 鍋を火からはずし、バターを加えて余熱で溶かし込み、塩で味を調える。

◎蒸し魚　白ワインソース
塩、コショウをして蒸した白身魚に、たっぷりかける。

＊魚をほぐし、ソースとともにご飯にかけてもおいしい。

◎ かぶの白ワイン煮

皮をむいたカブを鍋に入れ、ひたひたの昆布だし白ワインソース(p.20参照)を加え、カブに火が入るまで弱火で煮る。

スパイシー白ワインソース

●白身の肉のソテーに。フルーツのコンポートに。バニラアイスクリームにかけてもよい。●冷蔵庫で3〜4日。

クローブやシナモンの香りを加えた白ワインソース。デザートにも使いやすい。

材料（作りやすい量）
白ワイン …700ml
グラニュー糖 …350g
クローブ …2本
シナモンスティック …1本
オレンジ、レモンの皮（薄くへいだもの）…各2枚

材料を鍋に合わせて、ひと煮立ちさせる。

◎洋梨のコンポート

皮をむいた洋梨（イチジクなどでも可）を鍋に入れ、ひたひたのスパイシー白ワインソース（上記参照）を加えて紙で落とし蓋をし、やわらかくなるまで煮る。

＊温かいままでも、冷やしてもおいしい。アイスクリームを添えてデザートにしたり、切り分けてソテーし、肉料理の付け合わせにしても。

和知徹

◎ 鶏モモ肉のソテー

鶏モモ肉をバターで焼き、最後にスパイシー白ワインソース（p.22参照）をからめて艶を出す。

＊醤油を使わない照り焼き風。ソースに醤油が入っていないので、冷めても肉が固くならない。

ウイスキーソース

● ステーキのソースに。軽い煮込みにも使える。 ● 冷蔵庫で4〜5日。

バーベキューソース（p.63参照）に似ているが、よりシンプルなレシピですぐに作れる。

材料（作りやすい量）
ウイスキー…200ml
ケチャップ…大さじ3
グラニュー糖…大さじ2
シナモンスティック…1本
オールスパイス…2粒
塩、コショウ…各適量

1　ウイスキーを鍋に入れて火にかけ、アルコール分を飛ばす。
2　1にその他の材料を加えてひと煮立ちさせ、味を調える。

＊焼いた肉などにからめる使い方をする場合は、素材を焼いてからウイスキーを入れてアルコール分を飛ばした後、他の材料を加えてからめる。

◎ スペアリブの
　 ウイスキーソース煮込み

豚スペアリブに塩、コショウで下味をつけ、ラードで焼きながら色付けした後、ウイスキーソース（上記参照）の材料のウイスキーを入れてアルコール分を飛ばし、残りのソースの材料を加え、ソースを作る要領で煮ていく。ほどよくからんだらでき上がり。

和知 徹

◎ りんごのロースト

皮付きのリンゴにスライスベーコンをのせ、スパイシー白ワインソース（p.22参照）をかけながら、やわらかくなり艶が出るまで、じっくりローストする。器に盛り、温めたウイスキーソース（p.24参照）をかける。

オイルで作る

ベジタブルオイル

● 肉（豚肉など）を焼く際に。シンプルなオイル系パスタに。トマトソースを作るときのベースにも。 ● 冷蔵庫で4〜5日。

野菜の風味が溶け込んだ、おいしいオイル。

材料（作りやすい量）
サラダ油…200ml
長ネギ…10cm
ニンニク…1粒
玉ネギ…1/4個
ニンジン…1/2本
セロリ…10cm

すべての野菜をフードプロセッサーに入れて回し、ボウルに移し、サラダ油を加えて混ぜ合わせる。

◎豚肉のソテー

豚リブロース肉300gを、ベジタブルオイル（上記参照）の上澄み大さじ2で焼き、最後に野菜の部分も加えて香りを引き出す。かけた野菜ごと盛り付ける。

和知 徹

ドライ・ハーブ・オイル

- サラダに。サンドイッチにたらす。魚や肉、野菜を焼く際に。
- 常温で1週間ほど。油が酸化しないうちに使い切る。

素材にハーブの香りを
やさしくつけたいときに
便利なオイル。

材料（作りやすい量）
ドライオレガノ … 小さじ1
ドライローズマリー … 小さじ1
ドライタイム … 小さじ1
白ゴマ … 大さじ1
オリーブ油 … 200ml

すべての材料を合わせる。

◎野菜のグリル

食べやすく切った好みの野菜にドライ・ハーブ・オイル（上記参照）を塗り、塩、コショウをして、グリルパンで焼く。

和知 徹

カレー・コーヒー・オイル

● 肉を焼く際に。サラダのオイルや野菜のマリネに。ドライカレーになど。 ● 常温で4〜5日。

カレーとコーヒーの風味が
ほんのりと移ったオリーブ油。
肉を焼く際や野菜を和える
オイルとして用いると、
大人っぽいニュアンスが
加わる。

材料(作りやすい量)
オリーブ油 … 200ml
カレー粉 … 大さじ2
コーヒー豆(ローストしたもの)
　… 大さじ1

材料を合わせて最低1時間ほどおいてから、上澄みを使う。

◎ 仔羊のソテー

一口大に切り、塩をした仔羊モモ肉200gを大さじ2のカレー・コーヒー・オイル(上記参照)で焼き、つぶした粒コショウと刻んだイタリアンパセリをふる。

◎ ナムル風野菜の和え物

八つ切りにしたフルーツトマト(2個分)、ゆでて固く絞ったホウレン草(1株分)、八つ切りのカブ(2個分)にそれぞれ塩で下味をつけ、小さじ1ずつのカレー・コーヒー・オイル(上記参照)で和える。

和知 徹

タイムとニンニクのソース

- 羊、鶏などのシンプルなグリルに合う。タイムをローズマリーに替えれば豚などにもより合わせやすくなる。
- 使用するときに合わせて軽く温めるとよい。オイル自体は冷蔵庫で1週間保存可能。
- フォンドボーとオイルを合わせて沸かすと乳化してしまうので、

フォンドボーに、ニンニクと
タイムの風味を加えた
オリーブ油をプラスして作る、
肉によく合うソース。

材料（作りやすい量）
フォンドボー…50ml
オリーブ油…50ml
タイム…1枝
ニンニク（縦半分に切って包丁の腹で叩く）…1粒分

1　フォンドボーを半量に煮詰める。
2　別鍋にオリーブ油、タイム、ニンニクを合わせ、沸騰させないように20分ほど熱してオイルに香りをつける。
3　使用するときに、1のフォンドボーに2のオイルを大さじ1加えて合わせる。

◎ 仔羊のグリエ

骨付き仔羊肉に塩、コショウをしてグリエし、器に盛る。上記の作り方1のように煮詰めたフォンドボーに、作り方2のオイルを大さじ1加えて温め、肉にかける。

古屋壮一

クルミオイルドレッシング（ヴィネグレットソース）

● 生野菜のサラダ、ソテーしたエビなどの魚介にからめるなど。　● 冷蔵庫で10日以上。

基本的なドレッシング。
これをベースにいろいろな
ドレッシングを
作ることができる。

材料（作りやすい量）
A ┌ 玉ネギ（皮をむいてざく切り）
　│　　…250g
　│ 白ワインビネガー…200g
　│ シェリービネガー…50g
　│ マスタード…25g
　│ 粒マスタード…20g
　│ コショウ…2g
　│ 塩…35g
　└ ハチミツ…35g
サラダ油…300g
クルミ油…250g

1　Aをすべてミキサーに入れ、なめらかになるまでよく回す。
2　1にサラダ油とクルミ油を入れて回す。

◎ フレッシュ野菜のサラダ

紅芯大根（薄切り）、ラディッシュ、アヤメカブ（薄切り）、ビーツ（せん切り）、レッドソレル、ワサビ菜、トレヴィス、レタスなどを、クルミオイルドレッシング（上記参照）で和える。

古屋壯一

生姜ドレッシング

● ホタテや白身魚のカルパッチョによく合う。醤油を少量加えてもよい。 ● 冷蔵庫で1週間。

生姜の香りを加えた
甘酸っぱいソース。

材料(作りやすい量)
生姜(みじん切り)…1g
白バルサミコ酢…大さじ1
サラダ油…大さじ3
塩…ひとつまみ
粉糖…小さじ1

すべての材料をよく混ぜ合わせる。

◎ 帆立貝のカルパッチョ　生姜のドレッシング

ホタテ貝柱(刺身用)を2〜3mm厚さに切って器に盛り、生姜ドレッシング(上記参照)をかけて、ダークオパールを散らす。

古屋壮一

カルダモンドレッシング

● ゆでて冷やした野菜などによく合う。特にアスパラガスと相性がよい。●冷蔵庫で1週間。

エキゾチックなカルダモンの香りを加えた、冷製料理用のソース。

材料（作りやすい量）
ディジョンマスタード … 小さじ1
レモン果汁 … 小さじ1
塩 … ひとつまみ
E.V.オリーブ油 … 大さじ2
カルダモン（砕いたもの）… 0.5g

すべての材料を混ぜ合わせる。

◎ ホワイトアスパラと生ハム
　カルダモンのドレッシング

塩ゆでして冷やした白アスパラガスに生ハムをのせ、カルダモンドレッシング（上記参照）をかける。

古屋壮一

オニオンドレッシング

● ハーブを刻んで加えれば、ハーブドレッシングになる。
● 冷蔵庫で1週間。

基本のドレッシング。
さまざまなドレッシング類の
ベースになる。

材料（作りやすい量）
太白ゴマ油…300ml
マスタード…大さじ3
白ワインビネガー…100ml
エシャロット（刻んで塩でもみ、アク抜き
　をする）…250g

太白ゴマ油、マスタード、白ワインビネガーを泡立て器で混ぜ合わせ、エシャロットを加えて混ぜる。

＊1〜2日おいてなじませてから使うとよい。

有馬邦明

柚子ドレッシング

● 白身魚をマリネする。蒸し鶏を和えるなど。
● 冷蔵庫で1週間。

上記のオニオンドレッシングの
ワインビネガーを、
柚子果汁に替えて作る。

材料（作りやすい量）
太白ゴマ油…300ml
マスタード…大さじ3
黄柚子果汁…100ml
黄柚子の果肉…適量
エシャロット（刻んで塩でもみ、アク抜き
　をする）…250g

太白ゴマ油、マスタード、柚子果汁を泡立て器で混ぜ合わせ、エシャロットと柚子の果肉を加えて混ぜる。

＊すりおろした柚子の皮を加えると、香りが更に強くなる。

有馬邦明

フレンチ・イタリアン　オイルで作る

バターで作る

ハーブバター

● ステーキにのせても。ピラフを作るときに使用しても。
● 冷蔵庫で3〜4日。冷凍なら1ヵ月ほど。

パセリとニンニクの
シンプルなハーブバター。
隠し味にカレー粉と
ペルノーを少量加えている。

材料（作りやすい量）
有塩バター（室温に戻したもの）
　…450g
パセリ（みじん切り）… 大さじ4
ニンニク（みじん切り）… 大さじ1
カレー粉… 少量
ペルノー… 少量

フードプロセッサーにパセリ、ニンニクを入れて回した後、残りの材料を加えて合わせる。

◎ はんぺんのエスカルゴ風

一口大に切ったはんぺんをエスカルゴディッシュに入れ、ハーブバター（上記参照）を大さじ1ずつ入れてとろけるまで焼く。

和知 徹

◎ ガーリックバタートースト

8枚切り食パン1枚にハーブバター（p.34参照）
大さじ4をのせ、オーブンでとろけるまで焼く。

エスカルゴバター

● 生クリームに加えてアワビ、トコブシなどの貝に軽く煮からめても。また、白ワインソースに加えてスズキ、イサキなどの魚のソースにしてもよい。● 冷凍保存できる。

古屋壯一

パンチのあるバター。
エスカルゴのオーブン焼きに欠かせない。

材料（作りやすい量）
無塩バター…430g
パセリ…113g
ニンニク…67g
エシャロット…45g
塩…6g
アーモンドパウダー…45g
ペルノー…5g

1 パセリ、ニンニク、エシャロットはみじん切りにする。バターは常温に戻しておく。
2 1と他の材料をすべてロボクープに合わせて回す。

◎ エスカルゴのオーブン焼き

材料（作りやすい量）
エスカルゴ（缶詰）…1缶
塩…適量
ニンニク…1粒
ローリエ…1枚
タイム…1枝
エスカルゴバター（上記参照）、パン粉
　…各適量

1 30％食塩水にニンニク、ローリエ、タイムを入れて沸かし、冷ましておく。
2 水でよく洗ったエスカルゴを、1に一晩浸けておく。
3 2のエスカルゴを耐熱の器に入れてエスカルゴバターをのせ、パン粉をふって200℃のオーブンで10分ほど焼く。

赤ワインバター

- 炊き上げたご飯に混ぜれば洋風ご飯に。目玉焼きに落としてもおいしい。
- 冷蔵庫で4〜5日。冷凍なら1カ月ほど。

隠し味に醤油を
入れたことで、
幅広く使えるように。

材料（作りやすい量）
無塩バター（室温に戻したもの）
　…450g
赤ワイン（750mlを100mlまで煮詰めたもの）… 大さじ1
ハチミツ（アカシア）… 小さじ1
シナモンパウダー … 少量
玉ネギ（みじん切り）… 1/2個分
ニンニク（みじん切り）… 1粒分
醤油 … 小さじ1

フードプロセッサーにバターを入れて回した後、残りの材料を少しずつ、つなぐように加えて合わせる。

牛ステーキに添えて。

和知徹

37 ｜ フレンチ・イタリアン　バターで作る

酒盗バター

● 野菜炒めや煮物に加える。魚のポワレに加える。パスタやチャーハンにも。● 冷蔵庫で2週間。

酒盗の風味を加えたバター。熱していくうちに酒盗の臭みは揮発し、香ばしい香りに変わってくる。料理はこの香りを生かす使い方を。

材料(作りやすい量)
無塩バター…100g
カツオの酒盗…小さじ1

バターを鍋に入れて酒盗を加え、弱火で加熱する。チリチリとして香ばしくなってきたらでき上がり。

＊バターを焦がさないように注意する。
＊酒盗の代わりにアンチョビやイカの塩辛で作ってもよい。

◎ じゃがいもの酒盗バター煮

材料(作りやすい量)
ジャガイモ(メークイン)…3個
酒盗バター(上記参照)…大さじ3
ブロード…500ml

皮をむいたジャガイモを鍋に入れ、ブロードをひたひたに注ぎ、酒盗バターを加えて火にかける。弱火でゆっくりと、ジャガイモに火が入るまで煮る。

＊ジャガイモは下ゆでしておくとよい。
＊煮ては冷ますを何度か繰り返しながら火を入れていくと、味が染みやすい。

有馬邦明

ブール・ノワゼット・ソース

さまざまなグラタンに。定番はエイのムニエルやホタテのポワレのグラタンなど。●作り置きはできない。使うときに作る。

パン粉を加えた焦がしバター。ふりかけて焼くだけでグラタンができ上がる。

材料（作りやすい量）
無塩バター … 大さじ2
ニンニク（みじん切り）
　… 小さじ1/4
パン粉 … 大さじ2
ケッパー（酢漬け。みじん切り）
　… 小さじ1
パセリ（みじん切り）… 小さじ1
レモン果汁 … 小さじ1

1　鍋にバターを入れて火にかけ、弱火〜中火で温める。ほどよい茶色になってきたら、ニンニクを入れる。香りが出たらパン粉を入れ、パン粉がキツネ色になるまで火を入れる。
2　1にケッパー、パセリ、レモン果汁を加えて軽く火を入れる。

◎ 白子のムニエル

材料（1人分）
鱈の白子 … 50〜60g
小麦粉 … 適量
オリーブ油、無塩バター … 各適量
ブール・ノワゼット・ソース（上記参照）… 適量

1　白子に軽く小麦粉をつけ、バターとオリーブ油を熱したフライパンに入れてムニエルにする。
2　1の白子をグラタン皿（直火可）に移し、ブール・ノワゼット・ソースをかけて火にかける。バターがグツグツ泡立ってきたらでき上がり。

古屋壮一

39　フレンチ・イタリアン　バターで作る

乳製品で作る

クリームソース

● 料理の味をやわらげる。テリーヌを作る際などにも便利。
● 冷蔵庫で1週間。

有馬邦明

魚醤やソテーオニオンで旨みを加えたクリーム。

材料（作りやすい量）
魚醤（ガルムなど）… 大さじ1
ソテーオニオン（p.73参照。またはソフリット〈p.72参照〉）… 大さじ4〜5
日本酒 … 30ml
生クリーム … 500ml

1　鍋に魚醤を入れて火にかけて煎る。ソテーオニオンを加え、日本酒を加えて煮詰める。
2　1に生クリームを加え、1/4量ほどになるまでゆっくり煮詰める。

＊生クリームや牛乳を加えて料理の味をやわらかくすることがあるが、これらをそのまま使うと味が間のびする。クリーム自体を煮詰めておくと、クリームの濃厚さが際立って輪郭がはっきりし、使いやすくなる。

塩辛のクリーム

● 根菜など冬野菜と相性がよい。ゆでた白菜を和えるなどしてもおいしい。
● 冷蔵庫で4〜5日。

有馬邦明

イカの塩辛の旨みと塩気を加えたクリーム。

材料（作りやすい量）
イカの塩辛 … 大さじ1
無塩バター … 大さじ1
生クリーム … 200ml
野菜（玉ネギ、長ネギなど。あれば）… 適量
赤唐辛子（あれば。好みで）… 少量

1　鍋に塩辛とバターを合わせて火にかけて煎る。
2　香ばしい香りが立ってきたら、生クリームを加える（玉ネギや長ネギなどがあれば一緒に煮込むと、風味と甘みが増す。赤唐辛子を加えてもよい）。
3　1/4〜1/5量ほどになるまでゆっくり煮詰める。

＊塩辛の代わりにアンチョビやガルムを使ってもよい。
＊煮詰め方が甘いと、間のびした味になる。

◎ 山芋の塩辛クリームグラタン
（作り方 p.217）

玉ねぎのベシャメル

● 魚介や鶏肉のグラタンなどに。　● 冷蔵庫で1週間。

ベシャメルは玉ネギ入りで作って保存しておくと、すぐに使えて便利。

材料（作りやすい量）
玉ネギ（みじん切り）…1/2個分
無塩バター…25g
薄力粉…25g
牛乳…300g
塩、コショウ…各適量

1　鍋にバターと薄力粉を入れて弱火にかけ、ヘラでよく混ぜながら炒める。
2　1に牛乳を加えながら混ぜて沸かし、塩、コショウで味を調える。
3　別鍋にバター（分量外）と玉ネギを入れて、汗をかかせるようにじっくり炒めておく（スュエ）。
4　2と3を合わせてミキサーにかける。

◎牡蠣のグラタン

牡蠣（身）の水気を取って塩、コショウをし、小麦粉を薄くつけて、オリーブ油を薄くひいたフライパンに入れ、表面を軽く焼き固める。グラタン皿に入れ、玉ねぎのベシャメル（上記参照）をかけ、240℃のオーブンで表面に焼き目がつくまで焼く。

古屋壮一

キャビアとクリームのソース

● 魚介（甲殻類にも）に合わせやすい。
● 作ったその日のうちに使い切る。

レモンクリームに、キャビアの塩気をきかせたソース。

材料（作りやすい量）
生クリーム … 大さじ2
キャビア … 小さじ1
レモン果汁 … 少量

生クリームを五分立てにしてキャビアを加え、レモン果汁で味を調える。

◎ そば粉のガレットとスモークサーモン
　キャビアとクリームのソース
（作り方p.217）

古屋壯一

ヨーグルトマヨネーズ

● トウモロコシのピューレ、グリーンソース、すりおろしたニンニクを加えるなどしてさまざまなソースが作れる。● 冷蔵庫で4〜5日。

ヨーグルトのやわらかい酸味を活かしたソース。いろいろなソースのベースになる。

材料
マヨネーズ（作りやすい量）
- 卵黄…1個
- 白ワインビネガー…大さじ1
- マスタード…大さじ1
- 太白ゴマ油…150〜200ml
- 塩、コショウ…各適量

ヨーグルト（プレーン）…適量

1　マヨネーズを作る（p.107作り方1参照）。
2　1にヨーグルトを加えて混ぜる（ヨーグルトによるが、基本は1:1の割合で）。

＊作った直後はヨーグルトとマヨネーズがなじんでいないので、1日おいてなじんでから使用する。

○ 鶏のコンフィ

1　鶏の手羽元に竹串で穴を数ヵ所開けた後、塩、コショウ、ニンニク、ローズマリー、ナツメグで2時間ほどマリネする。
2　1の肉を鍋に入れ、鴨の脂（またはラードやヘッド）をひたひたに加えてゆっくり弱火で火を入れていく。竹串を刺してスッと通るくらいになったら火を止めて、冷めるまでそのままおいておく。

◎ 鶏のコンフィ ヨーグルトマヨネーズ和え

材料
- 鶏のコンフィ（左記参照）…適量
- ヨーグルトマヨネーズ（上記参照）…適量
- セリ（みじん切り）…適量
- 豆板醤…少量
- 煮卵＊…適量

＊煮卵は、豆の煮込みを作るときやきのこのブロードをとるとき、ミートソースを作るときなどに、ゆで卵を入れて一緒に煮ておいたもの。

1　鶏のコンフィは脂を落とし、骨から身をはずしてほぐし、皮も取り除く。
2　1の身を温めてボウルに入れ、豆板醤を少量混ぜたヨーグルトマヨネーズとセリを加えて和える。
3　くし形に切った煮卵とともに、盛り付ける。

有馬邦明

フレンチ・イタリアン　乳製品で作る

チーズソース

- そのままでも加熱しても使える。サラダのトッピングにもよい。
- 冷蔵庫で2～3日は保存できるが、できれば使用するときに作る。

低カロリーの
カッテージチーズを使った、
食べ応えのある
うれしいソース。

材料(作りやすい量)
カッテージチーズ(裏漉しタイプ)
　…100g
生クリーム …40～50ml
ニンニク(みじん切り) … 少量
玉ネギ(みじん切り) …1/2個分
アサツキ(みじん切り) … 大さじ1

カッテージチーズをフードプロセッサーに入れて回し、次に生クリームを加えて合わせる。最後にニンニク、玉ネギ、アサツキを加えて合わせる。

＊すべてフードプロセッサーで合わせるが、分離しやすいので、面倒でも野菜は刻んだものを加える。

◎ チーズハムカツ

薄切りハム4枚ずつを1組にし、2組でチーズソース(上記参照)大さじ1をサンドし、強力粉、溶き卵、パン粉の順に付けて、170℃に熱したサラダ油で香ばしく揚げる。

◎ 一口ハンバーグ　チーズソース

牛と豚の合挽き肉250gに塩3g、コショウ適量、玉ネギのみじん切り1/4個分を合わせ、5個に分けて成形し、オリーブ油をひいたフライパンで片面を焼いてひっくり返し、チーズソース(上記参照)大さじ1をかけてオーブンに入れ、とろけるまで火を通す。

和知 徹

◎ チーズリゾット風

鍋に無塩バター10gを溶かし、炊いた米1カップ分を加え、温まったらチーズソース(p.44参照)大さじ1を入れてなじませる。塩、コショウで味を調える。

ビネガーで作る

バルサミコソース

● 赤肉の料理のソースに。また漬けていたドライフルーツもデザートなどに使える。
● 冷蔵庫で1週間。

有馬邦明

バルサミコ酢にドライフルーツを漬け込んで風味を高める。
普通のバルサミコ酢を長期熟成ものに近づける方法のひとつ。

材料（作りやすい量）
バルサミコ酢 … 200ml
ドライフルーツ（リンゴ、イチジク、パイナップルなど）… 適量
スーゴ・ディ・カルネ … 200ml

1 バルサミコ酢にドライフルーツを漬けておく。
2 1にスーゴ・ディ・カルネを加える。

＊漬けている間にバルサミコ酢にドライフルーツの香り、甘み、エキスが移る。代わりに水分が少しずつドライフルーツに吸われ、濃度がついてくる。
＊1のバルサミコ酢に濃度が出てくるのは1年後ぐらい。もう少し早めたいときは、バルサミコ酢を最初に少し煮詰めて濃度をつけておくとよい。ただし、煮詰めすぎるとせっかくの香りと酸味が抜けてしまうので注意する。

タイムビネガー

● サラダのドレッシング代わりに。
● 冷蔵庫で1週間。

和知徹

オイルを使っていないので、ドレッシング代わりに使ってもローカロリー。

材料（作りやすい量）
白ワインビネガー … 200ml
フレッシュタイム … 3本

白ワインビネガーに、タイムを漬け込む。

◎ シーザーサラダ風オイルレスサラダ
（作り方p.217）

スパイス・チョコレート・砂糖で作る

ミックススパイス

- 和え物、サラダ、パスタにふりかけて香りを添える。水切りした豆腐に貼りつけてフライパンで焼く、パン粉とともにのせてオーブン焼きに。
- 密閉容器に入れて、常温で1週間。

有馬邦明

ゴマとナッツ、スパイスを
合わせたスパイシーふりかけ。

材料
白煎りゴマ、コリアンダーシード、クミンシード、ヘーゼルナッツ … 各適量
塩 … 少量

塩以外の材料をすり鉢に入れて、粗くする。最後に塩を加える。

＊すり合わせておくことで、香りがなじむ。

◎まぐろのタルタル　スパイス風味
（作り方p.217）

マサラ

- カレーを作る際に用いる。羊肉にすり込んで焼いてもよい。鯖など青背の魚とも相性がよい。
- 時間が経つと香りが飛ぶので、その都度作るのがよい。保存するなら冷凍で1週間程度。

和知徹

マサラはミックススパイスのこと。
インド料理にもよく使われる
スパイスを組み合わせて。

材料（作りやすい量）
クミン、カルダモン、ブラックペッパー、ターメリック、シナモン（すべてパウダーにしたもの）… 各大さじ1
ガーリックパウダー … 小さじ1

混ぜ合わせる。

◎鯖サンド（作り方p.217）

チョコレートソース

● フランボワーズのアイスクリームに添えたり、クレープに添えたり、チョコレートと相性のよいものならどんなものにも合う。● 冷蔵庫で1週間以上。使うときに常温に戻す。

古屋壮一

チョコレートの風味を活かしたデザートソース。

材料（作りやすい量）
チョコレート（ヴァローナ社製〈カカオ61%〉）…150g
生クリーム…80g
牛乳…60g

鍋に生クリームと牛乳を合わせて沸かし、刻んだチョコレートを加えて溶かす。

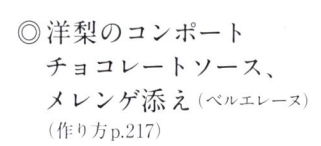

◎洋梨のコンポート チョコレートソース、メレンゲ添え（ベルエレーヌ）
（作り方p.217）

キャラメルソース

● バナナやイチジク、洋梨などフルーツのソテー、フレンチトーストにも。　● 冷蔵庫で1週間以上。

使いやすいデザートソース。

材料(作りやすい量)
グラニュー糖…50g
ラム酒…20ml
無塩バター…10g

1　グラニュー糖をフライパンに入れて中火にかけ、茶色く色づける。
2　1にラム酒を加えてアルコール分を飛ばした後、バターを入れて溶かし、水を適量加えて濃度を調整する。

◎バナナのソテー　キャラメルソース
　バナナのアイス添え

皮をむいたバナナを縦半分に切ってバターでソテーし、器に盛る。キャラメルソース(上記参照)をかけて、バナナのアイスクリームを添える。

古屋壮一

フレンチ・イタリアン　スパイス・チョコレート・砂糖で作る

野菜・植物性食品で作る

パセリとニンニクのソース

● 貝全般やカエル、鶏などの白身の素材に合う。 ● 冷蔵庫で4〜5日(香りや色が飛んでしまうので、あまり長くは保存できない)。

とてもシンプルなパセリのソース。たっぷり添えても重くならない。

材料(作りやすい量)
パセリ(葉)…50g
ニンニク…1粒
塩…ひとつまみ

1　鍋に水100ml、ニンニク、塩を合わせて沸かし、パセリの葉を入れて煮る。
2　1のパセリが、指でつぶしてピューレ状になるくらいにやわらかくなったら、パセリとニンニクを取り出してミキサーに入れ、煮汁も半量ほど入れて回す。

◎ つぶ貝のフリット

材料
ツブ貝…適量
ベニエ生地(作りやすい量)
　┌ ビール…140g
　│ 薄力粉…30g
　│ 米粉…30g
　│ コーンスターチ…40g
　│ ドライイースト…4g
　└ 塩…2g
揚げ油(サラダ油)…適量
パセリとニンニクのソース(上記参照)…適量
マイクロ青紫蘇…少量

1　ボウルにベニエ生地の材料を入れて混ぜ合わせ、30分おいて発酵させる。
2　ツブ貝の身を1の生地にくぐらせ、180℃に熱した油に入れて揚げ、油を切る。
3　パセリとニンニクのソースを皿に入れ、2のツブ貝を盛り、マイクロ青紫蘇を散らす。

古屋壯一

バジルのソース

● エビ、タコ、イカなど魚介の冷製料理に。また、トマトを加えて冷たいパスタのソースにしてもよい。● 冷蔵庫で3〜4日。

バジルと塩だけで作る
シンプルなソース。

材料（作りやすい量）
バジル …200g
塩… 適量

1　バジルを濃いめの塩水でゆでる。バジルが指でつぶせるくらいにやわらかくなったら、氷水に落として冷やし、水気を絞る。煮汁は冷ましておく。
2　1のバジルをミキサーに入れ、ミキサーが回る程度の煮汁を入れて回す。

◎ えびとじゃがいもの
　　バジルソース和え

塩ゆでして殻をむき、冷ましたエビと、蒸して皮をむき、一口大に切って冷やしたジャガイモを合わせてバジルのソース（上記参照）で和え、E.V.オリーブ油と塩を少量加える。器に盛り、マイクロ青紫蘇をのせる。

古屋壮一

フレンチ・イタリアン　野菜・植物性食品で作る

ほうれん草のソース

● 卵料理によく合う。クレソンなどの代わりに、肉料理の付け合わせ的に使ってもよい。リゾットにも使える。● 冷蔵庫で2〜3日。

濃い緑色が特徴的。
ホウレン草と相性のいい
カレー粉をひとつまみ
加えている。

材料（作りやすい量）
ホウレン草…1把
塩…適量
カレー粉…ひとつまみ

1　ホウレン草を濃いめの塩水でゆでる。指でつぶせるくらいにやわらかくなったら、氷水に落として冷やし、水気を絞る。煮汁は冷ましておく。
2　1のホウレン草をミキサーに入れ、ミキサーが回る程度の煮汁を加え、塩とカレー粉をひとつまみずつ入れて回す。

◎ ゆで卵キャビア添え
　ほうれん草のソース

ゆで卵を半分に切って皿に盛り、キャビアをのせ、ほうれん草のソース（上記参照）を流す。

古屋壯一

サルサ・ヴェルデ（グリーンソース）

● ボリート（野菜や肉をゆでたもの）などの料理に添えたり、和えたりなど。● 冷蔵庫で1〜2週間。また、キューブ状にして冷凍しても使いやすい。

イタリアンパセリで作る基本のグリーンソース。葉物がたくさん出る時期にいろいろな葉物で作るとよい。

材料（作りやすい量）
イタリアンパセリ（葉）…150g
ニンニク…1/2粒
アンチョビ…2枚
太白ゴマ油（冷蔵庫で冷やしておく）
　…200ml

1　ニンニク、アンチョビ、少量の太白ゴマ油をミキサーにかけてペースト状にする。
2　1にイタリアンパセリの葉を少しずつ加えながらミキサーを回す。
3　2に太白ゴマ油を少しずつ加えながら、ミキサーを回す。

＊オリーブ油で作ると香りが強く出て酸化もしやすいため、太白ゴマ油を使っている。
＊アンチョビの代わりに味噌、塩、酒盗、イカの塩辛などで塩味をつけてもよい。
＊イタリアンパセリがなければ普通のパセリでもよいが、苦みが強くなる。春菊など他の葉物でも作れる。
＊ミキサーにかける順番が違うと、きちんと混ざらないので注意。
＊使用する油やでき上がったソースは必ず冷やしておく（変色しにくくなる）。

◎ じゃがいもときゅうりの サルサ・ヴェルデ

材料
ジャガイモ（ゆでて皮をむき、輪切りにしたもの）
　…適量
キュウリ（皮をむいて輪切りにしたもの。写真はリトルポテトという品種）…適量
サルサ・ヴェルデ（上記参照）…適量
リコッタチーズ…適量

サルサ・ヴェルデとリコッタチーズをボウルに入れ、ジャガイモとキュウリを入れて和える。

＊ジャガイモは塩と酸で食べるのがおいしい。ここではキュウリを加え、季節（夏）の味わいをプラス。
＊キュウリは普通のキュウリでもよい。また、季節により、キュウリの代わりにカブ、大根、ナスなどを加えてもよい。

有馬邦明

かぶの葉のソース

● 肉料理に添える。
● 冷蔵庫で10日。冷凍もできる。

カブの葉に、松の実などを加えて作る、グリーンソース。

材料(作りやすい量)
カブの葉…200g
ニンニク…1粒
アンチョビ…3〜5枚
松の実(ローストしたもの)
　…大さじ2
太白ゴマ油(冷蔵庫で冷やしておく)
　…200〜300ml

1　ニンニク、アンチョビ、松の実、少量の太白ゴマ油をミキサーにかけてペースト状にする。
2　1にカブの葉を少しずつ加えながらミキサーを回す。
3　2に太白ゴマ油を少しずつ加えながら、ミキサーを回す。

＊油は冷やしておかないと、色がくすむ。

◎ 豚タンのかぶの葉ソース添え

材料
豚タン(ソミュール液に5日間漬けた後、低温でゆでたもの)…適量
パプリカのピクルス…適量
かぶの葉のソース(上記参照)…大さじ2
パン粉…大さじ1
パルミジャーノ・レッジャーノ・チーズ(すりおろしたもの)…小さじ2
赤ワインビネガー…大さじ1〜2

1　かぶの葉のソースにパルミジャーノ、赤ワインビネガー、パン粉を加えて混ぜ合わせる。
2　豚タンを薄切りにして器に盛り、パプリカのピクルスと1のソースを添える。

＊ソースにパン粉を加えてもったりさせることにより、流れ落ちるのを防ぐこともできる。
＊魚介料理に添える場合はチーズを加えない。

有馬邦明

バジリコのソース

● パスタソース。野菜のスープに加えて香りをプラスなど。
● 冷蔵庫で1週間。冷凍もできる。

バジリコで作るグリーンソース。

材料（作りやすい量）
バジリコ（葉）…100g
ニンニク…1粒
アンチョビ…2枚
ピーナッツ油（または太白ゴマ油。冷蔵庫で冷やしておく）…150ml

＊好みでナッツ（松の実、クルミなど）を加えてもよい。

1　ニンニク、アンチョビ（好みでナッツも）をミキサーにかけてペースト状にする。
2　1にバジリコの葉を少しずつ加えながらミキサーを回す。
3　2にピーナッツ油を少しずつ加えながら、ミキサーを回す。

＊油は冷やしておかないと、色がくすむ。

有馬邦明

シブレットのソース

● 冷製の魚料理全般に。また、ゆで肉のサラダや蒸し鶏のソース、スープや魚の吸い物に加えるなど。
● 冷蔵庫で3〜4日。冷凍もできる。

シブレットで作るグリーンソース。香りが特徴的。

材料（作りやすい量）
シブレット…200g
ニンニク…1粒
アンチョビ…3〜5枚
松の実（ローストしたもの）…大さじ2
太白ゴマ油（冷蔵庫で冷やしておく）…200〜300ml

1　ニンニク、アンチョビ、松の実、少量の太白ゴマ油をミキサーにかけてペースト状にする。
2　1に刻んだシブレットを少しずつ加えながらミキサーを回す。
3　2に太白ゴマ油を少しずつ加えながら、ミキサーを回す。

有馬邦明

フレンチ・イタリアン　野菜・植物性食品で作る

バジリコとレモンのソース

有馬邦明

● 冷製パスタに、白身魚や白身の肉にかけるなど冷たいまま使用（温かい料理にも使えるが、色が変わる）。パン生地に練り込んでパンを作るなど。● 冷蔵庫で4～5日保存可能だが、変色する。冷凍すると変色しない。

バジリコのソースに
レモンの風味を加える。

材料（作りやすい量）
バジリコ（葉）…200g
ニンニク…1粒
アンチョビ…3～5枚
松の実（ローストしたもの）
　…大さじ2
太白ゴマ油（冷蔵庫で冷やしておく）
　…200～300ml
レモンの皮（削ったもの）…1片

1　ニンニク、アンチョビ、松の実、少量の太白ゴマ油をミキサーにかけてペースト状にする。
2　1にレモンの皮を入れ、バジリコの葉を少しずつ加えながらミキサーを回す。
3　2に太白ゴマ油を少しずつ加えながら、ミキサーを回す。

＊油は冷やしておかないと、色がくすむ。

サンショウのソース

有馬邦明

● 白身魚や青魚のカルパッチョ、アユの料理に。ウドやたけのこ、白アスパラガスなどの白い野菜に。また肉に添えてもよい。● 冷蔵庫で4～5日。冷凍もできる。

サンショウがたくさん
採れる時季に作りたい、
季節感のあるソース。

材料（作りやすい量）
サンショウ（葉）…200g
アンチョビ…3～5枚
松の実（ローストしたもの）…大さじ2
太白ゴマ油（冷蔵庫で冷やしておく）
　…200～300ml

1　アンチョビ、松の実、少量の太白ゴマ油をミキサーにかけてペースト状にする。
2　1にサンショウの葉を少しずつ加えながらミキサーを回す。
3　2に太白ゴマ油を少しずつ加えながら、ミキサーを回す。

＊油は冷やしておかないと、色がくすむ。

◎ バジリコとレモンの冷製パスタ

材料(1人分)
パスタ(リングィーネ。乾燥)…100g
バジリコとレモンのソース(p.56参照)…大さじ2
塩、パルミジャーノ・レッジャーノ・チーズ…各適量

1　パスタは塩湯でゆでて水気を切り、氷水で冷やして水気を切る。
2　バジリコとレモンのソースをボウルに入れ、1のパスタを入れて和え、器に盛る。パルミジャーノ・チーズを削ってのせる。

きゅうりのソース

- 白身魚によく合う。アナゴの白焼きなどにも。
- 日持ちはしない。使う直前に作る。

キュウリの青々しい風味を味わうソース。

材料（作りやすい量）
キュウリ…2本
くず粉（作りやすい量）…100g
白ワインビネガー…小さじ1
塩…ひとつまみ
サラダ油…大さじ1

1 鍋にくず粉と水600mlを入れてよく混ぜ合わせ、火にかける。混ぜながら加熱し、とろみがついたら鍋底を氷水にあてて、冷ましておく。

2 キュウリは、実を1mmほどつけて皮をむく（実のほうは盛り付けのときに使用する）。この皮をさっと湯通し（ブランシール）しておく。

3 1のくず50gと2のキュウリの皮を合わせてミキサーにかけ、白ワインビネガー、塩を入れ、少しずつ水を加えながら（回りやすくするため）更に回す。全体がよく混ざったら最後にサラダ油を加えて回し、乳化させる。

◎ ハタのカルパッチョ きゅうりのソース

白身魚（ハタ）のカルパッチョに、きゅうりのソース（上記参照）を添える。キュウリの実を小角に切って塩もみしたものを魚の上に散らし、ナスタチウムを飾る。

古屋壮一

トマトソース

● さまざまな料理に。パスタならトマトソースの他にすりおろしたチーズ、パセリ、オリーブ油を加えて和える。
● 冷蔵庫で1週間。冷凍保存も可能。

皮が固めで甘みのやさしいトマトなら、炊いてソースにするのがおすすめ。

材料(作りやすい量)
トマト(赤く、実のしっかりしたもの)…1kg
オリーブ油…大さじ1
ニンニク(つぶす)…1/2粒
玉ネギ(みじん切り)
　…薄切り3～4枚分
赤唐辛子(または粉唐辛子)…少量
塩…2つまみ

1　鍋にオリーブ油とニンニクを合わせて弱火で炒める。玉ネギを入れて火を少し強め、素揚げするような感じで水分を飛ばす。
2　1に半分に切ったトマトを入れ、中火～弱火でゆっくり炊く。
3　ちぎった赤唐辛子と塩を加える。水分がある程度蒸発したらでき上がり。

＊シンプルな味にしておくと、展開がしやすい。
＊唐辛子を加えると後味にキレが出る。好みでローズマリー、バジリコなどを加えてもよい。

◎鶏もも肉のトマト煮込み

材料(作りやすい量)
鶏モモ肉…1枚
塩、コショウ、小麦粉、オリーブ油…各適量
白ワインビネガー…大さじ1
トマトソース(上記参照)…200ml
ローズマリー(ちぎったもの)…少量
赤唐辛子(ちぎったもの)…少量

1　鶏肉に塩、コショウをし、皮目に小麦粉をふる。
2　フライパンにオリーブ油を熱し、1の鶏肉を皮目から入れて焼く。皮がカリカリに焼けたらワインビネガーを入れ、トマトソースとローズマリーを加えて(水分が足りなければ水を少量足す)ゆっくりと煮て、ソースとなじませる。
3　唐辛子と塩を加えて味を調える。
4　鶏肉を切り分けて器に盛り、温めたソースを上からかける。

有馬邦明

フレンチ・イタリアン　野菜・植物性食品で作る

ハーブのトマトソース

- 鶏肉の料理、牛肉のグリル、タコの煮込みなどに。
- 冷蔵庫で1週間。

フレッシュトマトにハーブの風味を加えて作るトマトソース。

材料（作りやすい量）
ニンニク（みじん切り）… 大さじ1
玉ネギ（みじん切り）… 1個分
トマト … 2個
エルブ・ド・プロヴァンス
　… 大さじ1
オリーブ油 … 適量

1　オリーブ油とニンニクをフライパンに合わせて火にかけ、香りを出す。
2　1に玉ネギを入れ、甘みが出るまでじっくり火を入れる（スュエ）。
3　トマトは皮を湯むきして種を除き、実をざく切りにして2に加える。種の部分も網で漉して汁を加える。エルブ・ド・プロヴァンスを入れ、20分ほど煮る。
4　3をミキサーにかける。

◎ 鶏胸肉のパネ

鶏胸肉は皮を取って一口大に切り、塩、コショウをして小麦粉、溶き卵、パン粉の順につけ、180℃に熱した油に入れて揚げる。油を切り、温めたハーブのトマトソース（上記参照）をひいた器に盛り、マイクロセルフィーユをのせる。

古屋壮一

ドライトマトソース

● 魚や肉を焼く際に漬け込んで下味をつける。煮込み料理やハンバーグに少量加えるなど。
● 冷蔵庫で1ヵ月。

ドライトマトの旨みがたっぷり。
ちょうど味噌のような
使い方ができる。

材料（作りやすい量）
ドライトマト … 150g
赤ワイン … 200ml
スーゴ・ディ・カルネ … 100ml
ソテーオニオン（p.73参照）… 大さじ1
白ワインビネガー（好みで）… 少量
＊ワインビネガーは好みだが、入れると日持ちする。

1　鍋にドライトマトと赤ワインを合わせて火にかける。
2　1が1/5量ほどに煮詰まったら、スーゴ・ディ・カルネ、ソテーオニオン、ワインビネガーを加え、1/2量ほどになるまで更に炊く。
3　2の粗熱を取った後、すりつぶす。

有馬邦明

トマトジュレ

● 貝類と相性がよい。また、フロマージュブランに合わせても、冷たいキャビア・ド・オーベルジーヌに添えても。
● 冷蔵庫で4〜5日。

トマトの味そのままのジュレ。

材料（作りやすい量）
トマト … 300g
塩 … ひとつまみ
アガー（ゲル化剤）… 30g（作り方2のトマトウォーター1kgに対する量）

1　トマトはヘタを除いてざく切りにし、ミキサーに入れて塩と水50mlほど（ミキサーが回るように）を加えて回す。
2　1を布にあけて包み、ザルなどに入れて汁を受けるポットにのせ、軽く重石をして冷蔵庫に一晩置き、汁（トマトウォーター）をとる。
3　2のトマトウォーターを鍋に入れて火にかけ、40〜50℃になったらアガーを加えて溶かす。
4　3を氷水にあてて冷やす。

生牡蠣に
たっぷりかけて。

古屋壮一

フレンチ・イタリアン　野菜・植物性食品で作る

自家製ケチャップ

● ケチャップというより、ソース的に使える。ハンバーグなどにも。● 冷蔵庫で1週間ほど。

パプリカで作る、大人味のケチャップ。

材料（作りやすい量）
赤パプリカ（一口大に切ったもの）
　…2個分
オールスパイスパウダー
　…小さじ1
シナモンパウダー … 小さじ1
クローブ … 1本
白ワインビネガー … 50ml
白ワイン … 100ml
きび砂糖 … 大さじ2
塩 … 適量

1　鍋にすべての材料を入れ、パプリカがやわらかくなるまで煮る。
2　1をミキサーでピューレにし、味を調える。

◎ サンドイッチ

材料（2人分）
ハンバーグパティ（p.44参照）…200g*
食パン（8枚切り）…4枚
レタス…2枚
卵（目玉焼き）…2個分
自家製ケチャップ（上記参照）
　…大さじ2
無塩バター…大さじ2
ディジョンマスタード…大さじ1

*ハンバーグを2枚作り、大さじ1のバターで焼いておく。

1　食パンはトーストし、2枚は片面に半量ずつのバターを塗り、あとの2枚にはマスタードを塗っておく。
2　ハンバーグ、自家製ケチャップ、目玉焼き、レタスを、1のパン2枚ずつでサンドする。

和知徹

バーベキューソース

● トーストしたパンに塗るスプレッドとして。チキンライスを作るときのケチャップ代わりにも。● 冷蔵庫で1週間ほど。途中で火入れ（一度沸騰させる）してもよい。

野菜の旨みたっぷりの、
肉によく合うソース。

材料（作りやすい量）
玉ネギ（みじん切り）…1個分
ニンニク（みじん切り）…2粒分
トマトピューレ…200ml
ケチャップ…大さじ4
バーボン…80ml
塩、コショウ…各適量
無塩バター…90g

1 鍋にバターを入れ、中火にかける。
2 バターが溶けてきたら玉ネギとニンニクを入れ、塩、コショウをして炒める。
3 バーボンを加えてアルコール分を飛ばし、トマトピューレとケチャップを加え、なじむまで煮て味を調える。

◎ 豚スペアリブのソテー
一口大に切った豚スペアリブ400gを、ラード大さじ1をひいたフライパンで焼き上げ、バーベキューソース（上記参照）大さじ2をからめて、更に香ばしく仕上げる。

和知徹

63 | フレンチ・イタリアン　野菜・植物性食品で作る

ビーツのソース

赤ワインと
スーゴ・ディ・カルネの中に、
ビーツの色と香り、
味を溶け込ませて。

● サラダのドレッシングに、肉や魚のソースになど幅広く使える。
● 冷蔵庫で2〜3週間。

材料（作りやすい量）
ビーツ … 1個（150g以上）
スーゴ・ディ・カルネ … 250ml
赤ワイン … 250ml

1　ビーツに水を少し打ち、アルミホイルで包んでオーブンでゆっくりやわらかくなるまで蒸し焼きにする。
2　1のビーツとスーゴ・ディ・カルネ、赤ワインを鍋に合わせてゆっくり炊いていく。
3　2をすり鉢ですりつぶす（またはミキサーにかける）。

有馬邦明

ビーツのソース

甘酸っぱいソース。
燻製によく合う。

● 魚、ホタルイカなどの燻製、パテや鴨肉の料理のソースになど。
● 冷蔵庫で1週間。

材料（作りやすい量）
ビーツ（中）… 1個
白ワインビネガー … 50ml
塩 … ひとつまみ
グラニュー糖 … 大さじ2

1　ビーツは皮をむき、2cm角に切る。鍋に入れてひたひたの水を注ぎ、白ワインビネガー、塩、グラニュー糖を加え、ビーツがやわらかくなるまで煮る。
2　1をミキサーにかける。

古屋壯一

◎ いわしの燻製

材料
イワシ、塩、砂糖、オリーブ油、ビーツのソース（p.64下参照）、
　レッドソレル … 各適量

1　イワシを三枚におろし、塩と砂糖をふる。
2　中華鍋に燻製チップを入れて火にかけ、網をのせて1を置いて蓋をし、30秒ほど瞬間燻製する。
3　2をオリーブ油をひいたフライパンでポワレし、器に盛る。ビーツのソースを添え、レッドソレルを飾る。

ビーツのラビコットソース

- 揚げ物全般によく合う。
- できれば使う直前に作ったほうがよい（ゆで卵の黄身がとけてしまうので）。

基本のクルミオイルドレッシングに、みじん切りの素材を合わせて作る。
ビーツの色が美しい。

材料（作りやすい量）
クルミオイルドレッシング（p.30参照）… 大さじ1
ゆで卵（みじん切り）… 1/4個分
ピクルス（みじん切り）… 小さじ1
コルニッション（みじん切り）
　… 小さじ1
エシャロット（みじん切り）
　… 小さじ1
ビーツのソース（p.64下参照）
　… 大さじ1

すべての材料を混ぜ合わせる。

◎ 牡蠣のベニエ

牡蠣の身をベニエ生地（p.50参照）にくぐらせて油で揚げ、ビーツのラビコットソース（上記参照）とフルール・ド・セルを添える。

古屋壯一

とうもろこしドレッシング

● 肉、魚、野菜など何にでも使えて万能。特に牛肉と相性がよい。
● 冷蔵庫で4～5日。

基本のオニオンドレッシングをベースに作る。

材料（作りやすい量）
オニオンドレッシング（p.33参照）
　…100ml
トウモロコシ（水煮をすりつぶしたもの*）
　…大さじ1

*生のトウモロコシを使う場合は、1%の塩湯でゆでて粒をはずし、すりつぶしたものを使用する。

オニオンドレッシングに、すりつぶしたトウモロコシを加えて混ぜ合わせる。

有馬邦明

とうもろこしのソース

● 野菜に塗って焼く。ゆでたジャガイモを和えてサラダに。焼いたものに添えても、熱々のソースにしてかけてもよい。魚や豚肉、鶏肉などを焼いたものに添えてもよい。
● 冷蔵庫で1週間。

トウモロコシの自然な甘みの中に、マスタードの酸味が感じられる。マヨネーズで割ってもおいしい。

材料（作りやすい量）
トウモロコシ…2本
ジャガイモ（ゆでて皮をむいたもの）
　…1/2個分
塩、無塩バター、マスタード…各適量

1　トウモロコシは塩ゆでし、実をはずしてミキサーにかけ、ペースト状にする。
2　1にバター、マスタード、ゆでたジャガイモを加え（酸味が足りなければワインビネガーを適量加えてもよい）、更にミキサーにかける。

◎ベビーコーンのグラタン

ベビーコーン（生）を皮ごと縦半分に切り、切り口にとうもろこしのソース（左記参照）を塗って、オーブンで焼く。焼き目がついたら皿に盛り、黒粒コショウを挽きかける。

有馬邦明

フレンチ・イタリアン　野菜・植物性食品で作る

とうもろこしマヨネーズ

● ゆでた野菜やスパゲッティ、ペンネなどのパスタに加えて和える。パンにのせてトーストにするなど。 ● 冷蔵庫で1週間

マヨネーズといってもマヨネーズを使っているわけではない。コーンのクリーム缶を利用して作る、マヨネーズ風のソース。

材料（作りやすい量）
トウモロコシ（クリーム缶）
　…100ml
マスタード … 大さじ1/2
ゴマ油 … 大さじ1弱
白ワインビネガー … 大さじ2
大豆の水煮（ミキサーでピューレにしたもの）…80ml

すべての材料をミキサーに合わせて回す。

◎ いんげんと豆腐の
　 とうもろこしマヨネーズ和え

材料
モロッコインゲン（塩ゆでしたもの）… 適量
インゲン（塩ゆでしたもの）… 適量
豆腐（水切りしたもの）… 適量
とうもろこしマヨネーズ（上記参照）… 適量
塩 … 適量

1 塩ゆでしたモロッコインゲンとインゲンを、とうもろこしマヨネーズで和える。
2 水切りして角切りにした豆腐を1に加え、軽く合わせる。

*リコッタチーズや、水に浸して軽く水気を切ったパンを加えるなどのアレンジもできる。

有馬邦明

かぼちゃのソース

● 甘みを活かしたいパスタ、ラザニア、リゾットなどに。ブロードでのばしてスープになど。
● 冷蔵庫で4〜5日。冷凍もできる。

やさしい甘みをつけたいときに、便利なソース。肉や魚にも、野菜にも合う。使用するカボチャは好みのものでよいが、あまり甘すぎるものは、料理を選ぶ。

材料
カボチャ（バターナッツカボチャ使用）
　…適量
塩…少量
鶏のブロード*…適量

＊鶏のブロードで作ると万能に使いやすい。場合によっては、その料理に使う肉でとったブロードを加えて作ると、その素材の味が強く出たソースになる。

1　カボチャは適宜に切って皮をむき、種を除く。
2　1を圧力鍋に入れて塩をひとふりし、ブロードを加えてやわらかく炊く。
3　2をミキサーにかけてピューレ状にする。

◎ なすのトルテッリーニ　かぼちゃのソース添え

材料（作りやすい量）
生パスタ生地…適量
ナス…5本
ジャガイモ（男爵）…2個
パルミジャーノ・
　レッジャーノ・チーズ
　…適量
塩…適量

かぼちゃのソース
　（上記参照）…適量
ブロード…適量
E.V.オリーブ油…適量
クルミ（ローストしたもの）
　…適量

1　ナスは皮をむいて適宜に切り、オーブンまたはフライパンで焼いて、軽く水分を飛ばしておく。ジャガイモはゆでて皮をむき、適宜に切る。
2　1のナスとジャガイモを合わせてすりつぶし、すりおろしたパルミジャーノ・チーズを加えて混ぜ合わせる。
3　パスタ生地を薄くのばし、7〜8cm角ほどにパイカッターで切る。
4　3の生地に2を適量のせて生地で包み、塩を加えた湯でゆでる。
5　かぼちゃのソースをブロードで少しのばして皿に敷き、4の水気を切って盛り、ローストしたクルミを散らす。オリーブ油をまわしかけ、パルミジャーノ・チーズをおろしかける。

有馬邦明

かぶのソース

- 温めて魚のソースにしてもよい。
- 冷蔵庫で3日(それ以上おくとカブの香りがなくなる)。

カブの旨みがそのまま生きたソース。

材料(作りやすい量)
玉ネギ(薄切り)…1/4個分
カブ(中)…3個
サラダ油…適量
タイム…1/2枝
ローリエ…1/3枚
塩…小さじ1
生クリーム…大さじ1

1 鍋にサラダ油をひき、玉ネギを入れてゆっくり炒める。しんなりしたら、8等分ほどのざく切りにしたカブを入れ、更に炒める。
2 1にひたひたの水(ブイヨンがあれば半分をブイヨンにしてもよい)を加え、タイム、ローリエ、塩を加えてカブに火が入るまで10分ほど煮る。
3 2(タイム、ローリエは取り除く)をミキサーにかける。
4 3に生クリームを加える。

＊煮すぎるとカブの香りがなくなるので注意する。

◎ さんまのタルタル

サンマを三枚におろし、皮と骨を除いて食べやすい大きさに切り、エシャロットと生姜のみじん切り、オリーブ油を加えて和える。かぶのソース(上記参照)を敷いた器に盛り付ける。

古屋壮一

ごぼうのソース

魚のフリット、鶏モモ肉のソテーなどにも合う。● 冷蔵庫で4〜5日。

ゴボウの香りが特徴的。

材料（作りやすい量）
ゴボウ…2本
玉ネギ…1個
鶏のブイヨン…適量
サラダ油…適量
塩…適量

1　ゴボウは洗い、1cm角に切って30分ほど水にさらす。
2　1の水気を切り、多めのサラダ油をひいたフライパンでソテーする。
3　玉ネギは薄切りにし、サラダ油をひいた鍋に入れてじっくり火を入れる（スュエ）。
4　2のゴボウを3の鍋に入れ、ブイヨンをひたひたに加え、40〜50分煮る。
5　塩で味を調え、ミキサーにかける。

◎ あなごのごぼう巻きフリット

材料
ゴボウ…適量
アナゴ（おろした身）…適量
塩、砂糖…各適量
衣（作りやすい量）
　┌そば粉…30g
　│米粉…30g
　│コーンスターチ…30g
　│ベーキングパウダー…10g
　│水…115g
　└＊混ぜ合わせる。
揚げ油（サラダ油）…適量
ごぼうのソース（上記参照）…適量
ごぼうのパウダー（ゴボウをスライスし、100℃ほどのオーブンに1時間ほど入れて乾燥させ、ミキサーにかけたもの）…少量

1　ゴボウは洗い、鍋に入る長さに切り、塩と砂糖を加えた水でやわらかく煮る。
2　1のゴボウの水気を切り、アナゴを巻きつけ、蒸気の上がった蒸し器で蒸す。
3　2を衣にくぐらせ、180℃に熱した油で揚げる。
4　3の油を切って食べやすい大きさに切り、温めたごぼうのソースを敷いた皿に盛り、ごぼうのパウダーをふる。

フレンチ・イタリアン　野菜・植物性食品で作る

古屋壮一

ソフリット

- いろいろな料理に野菜の旨みや甘みを加える。ソース、練り肉、煮込みなど幅広く使える。
- 冷蔵庫で1週間。

有馬邦明

香味野菜をオイルでじっくり炒め、野菜の旨みや甘みを引き出す。

材料（作りやすい量）
ニンジン …100g
玉ネギ …200g
セロリ …100g
太白ゴマ油 …適量（多め）

1　野菜は包丁でみじん切りにする。
2　フライパンに多めの油を入れて火にかけ、温まったら1を入れる。最初は中火で、野菜から出た水分の泡立ちがおさまってきたら火を弱め、水分を飛ばすようにゆっくり熱する。

＊ミキサーやフードカッターで刻むと、細胞がつぶれて水分が多く出てしまい、オイルに水が混じって濁った感じになる。包丁で切ると、1つ1つがしっかり素揚げされる。
＊最初から弱火で加熱すると、玉ネギに香ばしさがのらずに、ただ甘いだけの仕上がりになる。最初は中火で熱することにより、野菜の青臭さ、玉ネギのガス臭い感じが抜ける。

刻み野菜のサルサ

- 肉料理に添えるとよい。サンドイッチの具にしても。
- 使用するときに作る。

和知徹

脂の強い肉料理などに添えるのにぴったり。

材料（作りやすい量）
トマト（一口大に切ったもの）…M玉1個分
赤玉ネギ（薄切り）…1/2個分
イタリアンパセリ（粗く刻んだもの）
　…10〜15枚分

合わせる。

オリーブ油で香ばしく焼き上げた鶏モモ肉に添えて。

ソテーオニオンソース

● ソテーオニオンは、ソフリットと同じように使える。ニンジンのオレンジ色を加えたくない場合などには、こちらを使う。● 冷蔵庫で2週間。ソテーオニオンは冷凍もできる。

玉ネギの甘みと香りを活かしたソース。

材料(作りやすい量)
玉ネギ(薄切り)…10個分
太白ゴマ油…適量(多め)
スーゴ・ディ・カルネ…適量

1 ソテーオニオンを作る。玉ネギを、たっぷりの油に入れて、素揚げするように熱して火を入れていく。最初は玉ネギから水分が出て泡立っていたものがおさまってきたら火を弱め、茶褐色になるまでゆっくり加熱する。途中玉ネギのかさが減ってオイルが多くなったところで少しオイルを取り除き、中の油を更に外に出すようにしながら炊いていく。
2 1のソテーオニオンがとろとろになったら、スーゴ・ディ・カルネを加えてのばす。

＊ソテーオニオンはさまざまな料理に使えるので、時間があるときにまとめて作っておくとよい。

◎ オニオングラタンスープ

材料(1人分)
ソテーオニオンソース(上記参照)…適量
ブロード…適量
ミニトマト…2個
パン…適量
パルミジャーノ・レッジャーノ・チーズ
　(すりおろしたもの)…適量(多め)

1 ソテーオニオンソースとブロードを鍋に合わせ、火にかけてなじませる。
2 1にトマトとパンを入れ、チーズを加える。
3 オーブンに入れてチーズに焼き目をつける。

＊カブやゆでたジャガイモを加えても、卵を割り落としてもよい。

有馬邦明

ニンニクソース

● 肉の下味。練り物の味つけやマリネなどに。 ● 冷蔵庫で4〜5日。時間が経つと香りが弱くなる。

スーゴ・ディ・カルネに、油で揚げたニンニクの香ばしい香りを加える。

材料(作りやすい量)
スーゴ・ディ・カルネ … 200ml
ニンニク(粗みじん切り)
　　　… 3〜4粒分
太白ゴマ油 … 適量

1　鍋に太白ゴマ油を入れて中火弱で熱し、ニンニクを入れてキツネ色になるまで素揚げして油を切る。
2　スーゴ・ディ・カルネに1のニンニクを入れる。1〜2日おいて味がなじんだら使用できる。

＊ニンニクを油に入れて弱火で熱すると、香ばしい香りがつかずにやわらかくなっていくが(これがバーニャカウダ。p.75参照)、ここではもう少し温度を上げ、一気にニンニクの水分を飛ばして香ばしい香りをつけるのがポイント。
＊甘みをつけたい場合は、赤ワインソース(p.12参照)を加える。

◎ サルスィッチャのパプリカ詰め　ニンニクソース
豚挽き肉で作るサルスィッチャをパプリカに詰めて焼き、ニンニクソースを塗って器に盛る(作り方p.218)。

有馬邦明

バーニャカウダソース

● 温めて生野菜をつけて食べる。パスタソースや煮込み料理の味付けにも使える。● 冷蔵庫で2週間。

オイルにニンニクと
アンチョビを加えて作る、
濃厚なソース。

材料（作りやすい量）
ニンニク…20粒
アンチョビ…3枚
太白ゴマ油…適量

1　鍋にニンニクとアンチョビを合わせて入れ、太白ゴマ油をひたひたに加えて火にかける。ニンニクのコンフィを作るような感じで、弱火でゆっくり火を入れていく（あまり火が強すぎると焦げるので注意する）。

2　ニンニクがやわらかくなったら、1をすべてミキサーですりつぶす（すり鉢やスプーンの背などでつぶしてもよい）。

＊このソースにトリュフを加え、温めて生野菜をつけながら食べるのが、ピエモンテ州の伝統料理。
＊ニンニクは粒を丸のまま煮るが、真ん中の芽は除いてもよい。

◎ チコリのバーニャカウダソース風味

材料
チコリ（アンディーヴ）…適量
塩…適量
バーニャカウダソース（上記参照）…適量
黒粒コショウ（つぶす）…適量

1　チコリは芯の部分に十字の切り目を入れ、1%の塩を加えた湯でやわらかくゆでる。
2　1を縦半分に切り、温かいうちに、バーニャカウダソースを塗り、つぶした粒コショウをのせて提供する。

＊オーブンで焼いてグラタンにしてもよい。

有馬邦明

フレンチ・イタリアン　野菜・植物性食品で作る

自家製タバスコ

- ピッツァやパスタに。焼いた肉につけるなど、柚子コショウ的に使っても。
- 冷蔵庫で1週間ほど。

青唐辛子の量を調整すれば、自分好みの辛さに。

材料(作りやすい量)
青唐辛子(みじん切り)…100g
塩…2g
白ワインビネガー…50ml

材料を合わせる。3日後くらいから使える。

和知 徹

◎ パセリとレタスのサラダ
(作り方p.218)

生姜のソース

- 牛肉や豚肉のグリル、ホタテのポワレなどにかける。
- 冷蔵庫で1週間。

フォンドボーに生姜の風味を加えたソース。

材料(作りやすい量)
生姜…20g
フォンドボー…100ml

1 生姜は皮をむいてせん切りにし、3回ゆでこぼす(ブランシール)。
2 フォンドボーを半量に煮詰める。
3 2に1の生姜を入れて、ひと煮立ちさせる。

古屋壯一

牛肉のグリルに温めた生姜のソース(上記参照)をかけ、サラダを添えて。

黒オリーブソース

マグロやカツオなどの赤身の魚、鳩や鴨などの赤身の肉と相性がよい。

● 冷蔵庫で2週間

オリーブをスーゴで炊いて香りや味を移す。

材料（作りやすい量）
黒オリーブ（種があれば取る）…200g
スーゴ・ディ・カルネ…180ml
赤ワインソース（p.12参照）…180ml
水またはブロード…100〜180ml

1　黒オリーブにスーゴ・ディ・カルネ、赤ワインソースを加えてやわらかくなるまで煮る。
2　1の粗熱を取った後、すりつぶす。

有馬邦明

パンのソース

ソースのとろみづけに。詰め物のつなぎに。パンがゆなどに。

● 冷蔵庫で1週間ほど

北イタリアには、これに骨髄やたっぷりのコショウを加えて作るソース（ペアラ）がある。

材料（作りやすい量）
パン（フランスパン、食パンなどの食事用パン）
　　…100g
ブロード…200〜400ml
ソテーオニオン（p.73参照）…大さじ2〜4
塩、コショウ…各適量

1　パンは干して乾燥させるかキツネ色に焼いておく。
2　1とブロードを鍋に合わせ、弱火でゆっくりと煮る。
3　パンが溶けてきたらソテーオニオンを加え、塩、コショウをし、艶が出るまで煮る。

◎ トマトのパンがゆ
　（作り方p.218）

有馬邦明

77　フレンチ・イタリアン　野菜・植物性食品で作る

シャンピニオンデュクセル

● パスタのソースに。少し煮詰め、焼いた牛肉に塗る。鶏胸肉に塗ってパン粉焼きに。少し白ワインの量を増やしてホタテのポワレのソースにしても。● 冷蔵庫で1週間。

古屋壯一

マッシュルームの旨みが
ギュッと詰まった
濃厚なソース。

材料（作りやすい量）
マッシュルーム…300g
オリーブ油…適量
ニンニク（みじん切り）…小さじ1
エシャロット（みじん切り）
　…大さじ1
白ワイン…大さじ1
塩、コショウ…各適量

1　マッシュルームを薄切りにし、オリーブ油でソテーする。水分が出てきて、それがなくなるまでソテーしたら、ロボクープに入れて回し、ペースト状にする。
2　鍋にオリーブ油をひき、ニンニクとエシャロットを入れて炒める。香りが出てきたら1を入れてなじませる。
3　2に白ワインを加えて香りをつけ、塩、コショウで味を調える。

◎ ヌイユ

材料（1人分）
ヌイユ（平打ちパスタ、ゆでたもの）…50g
シャンピニオンデュクセル（上記参照）…
　大さじ2
生クリーム…大さじ2
黒コショウ…適量

ゆでたヌイユをフライパンに入れ、シャンピニオンデュクセルと生クリームを加え、温めながらからめる。最後に黒コショウを挽きかける。

きのこのラグーソース

● 魚介や鶏肉と合わせて軽い煮込みにしたり、里イモや菜の花、大根と合わせて軽い野菜の煮込みにするなど。 ● 冷蔵庫で1週間。

オリーブ油にキノコの風味を加えたソース。
キノコはあるものを使用するとよい。

材料（作りやすい量）
キノコ
　シイタケ…6個
　シメジ…1パック
　エリンギ…1パック
ニンニク（みじん切り）…大さじ1
エシャロット（みじん切り）
　…大さじ1
コリアンダーシード…20粒
タイム…1枝
ローリエ…1/2枚
白ワイン…100g
アワビの煮汁（下記＊参照）
　…500ml
オリーブ油…適量

＊アワビの煮汁はアワビを、2cm角に切った大根とともにフュメ・ド・ポワソンと鶏のブイヨンを合わせた中で、2時間ほど煮た汁（下記の料理参照）。
＊だしとなる煮汁は料理により変わる。他の貝や魚、鶏肉などそれぞれ使う素材の煮汁を使う。

1　シイタケは6等分ほどに切り、エリンギも食べやすい大きさに切る。シメジはほぐしておく。
2　オリーブ油とニンニクをフライパンに合わせて火にかけ、香りを出す。
3　2にエシャロットを加えて香りを出す。コリアンダーをつぶして入れ、香りを出す。タイム、ローリエを入れて香りを出す。
4　3に1のキノコを入れて炒める。白ワインを入れてアルコール分を飛ばし、アワビの煮汁を加えて15分ほど煮て、味を調える。

◎ あわびときのこの軽い煮込み

鍋にフュメ・ド・ポワソンと鶏のブイヨンを合わせ、大根とアワビを入れて火にかけ、2時間ほど煮る。アワビを殻から出し、きのこのラグーソース（上記参照）と合わせて温める。

古屋壯一

フレンチ・イタリアン　野菜・植物性食品で作る

豆腐マヨネーズ

● マヨネーズと同様の使い方ができる。加熱しすぎると分離するので注意。● 使用するときに作る。

豆腐を使ったヘルシーなマヨネーズ風ソース。ゴマペーストでコクをプラス。オイルを使っていないので、カロリーを気にする方にはうれしいソース。

材料（作りやすい量）
絹漉し豆腐…1丁
ディジョンマスタード
　…大さじ2
ゴマペースト…大さじ2
米酢…小さじ1
塩、コショウ…各適量

すべての材料をフードプロセッサーに入れて回し、味を調える。

＊豆腐はメーカーによって硬さが微妙に違うので、自分の好みの濃度になるように、硬さを見ながら水気をクッキングペーパーなどで吸い取ってから使用する。

◎ 青菜のサラダ

材料（作りやすい量）
小松菜…3株
水菜…小松菜と同量
豆腐マヨネーズ（上記参照）…大さじ2
塩、コショウ…各適量
白煎りゴマ…小さじ1

1 水1ℓに対して小さじ2の塩を加えた湯で、小松菜と水菜をゆがき、水気を絞る。
2 1を豆腐マヨネーズと塩、コショウで和える。
3 器に盛り、煎りゴマをすりつぶしながらふりかける。

和知 徹

◎ にんじんと根セロリの和え物

材料（作りやすい量）
ニンジン（せん切り）…1/2本分
根セロリ（せん切り）…ニンジンと同量
イタリアンパセリ（みじん切り）…少量
豆腐マヨネーズ（p.80参照）…大さじ2
レモン果汁…少量
塩、コショウ…各適量

ニンジンと根セロリにそれぞれ、刻んだイタリアンパセリと豆腐マヨネーズ大さじ1、レモン果汁を加えて和え、塩、コショウで味を調える。

＊料理の付け合わせに使うとよい。

◎ おしゃれポテサラ
さっぱりとした大人のポテサラ（作り方p.218）。

◎ 卵焼きサンド
マヨネーズ代わりに豆腐マヨネーズ（p.80参照）を使ったヘルシーサンドイッチ（作り方p.218）。

◎ ワカモレ
アボカドに、ライム果汁や豆腐マヨネーズ（p.80参照）を加えてペーストに。トルティーヤチップスを添えて提供する（作り方p.218）。

81 ｜ フレンチ・イタリアン　野菜・植物性食品で作る

果物で作る

いちごのソース

● いろいろなフルーツを刻んで加え、スープなどにしてもおいしい。

● ヴァン・ショーは冷蔵庫で1週間以上。イチゴを加えると劣化が早いので、使うときに混ぜる。

古屋壯一

スパイスの風味が溶け込んだ赤ワイン、ヴァン・ショーとイチゴを合わせて作る。

材料(作りやすい量)
イチゴ …300g
ヴァン・ショー(作りやすい量)
- 赤ワイン …600g
- グラニュー糖 …120g
- シナモン …16g
- クローブ …2粒
- アニス …2片
- オレンジ(スライス) …1枚
- レモン(スライス) …1枚
- バニラ棒 …1サヤ

1 ヴァン・ショーの材料を鍋に合わせて火にかける。沸騰してアルコール分が飛んだら火からおろし、そのまま半日おいて冷ましておく。

2 ヘタを取ったイチゴと、漉した1のヴァン・ショーの半量を合わせてミキサーにかける。

◎ 塩ミルクのアイスクリーム
　いちごのソース

材料(作りやすい量)
塩ミルクのアイスクリーム
- 牛乳 …800ml
- 生クリーム …200ml
- 練乳 …200ml
- 塩 …4g
- 水あめ …160g
- ビドフィックス(安定剤) …5g
- ＊合わせてアイスクリームマシンにかける。

いちごのソース(上記参照)… 適量

いちごのソースを器にたっぷり入れ、塩ミルクのアイスクリームを添える。

みかんのジュレ

● タピオカ、ナタ・デ・ココなど食感のあるものを入れて、そのまま食べてもおいしい。● 冷蔵庫で3～4日。

みかんのフレッシュ感
たっぷりのジュレ。

材料（作りやすい量）
みかんの果肉…500g
みかんの果汁…300g
グラニュー糖…25g
アガー（ゲル化剤）…25g

1　みかんは皮をむいて房から実を取り出す。房は絞り、汁を取る（汁が足りなければ、他のみかんを絞り300gにする）。
2　グラニュー糖とアガーを合わせる。
3　1のみかんの果汁を鍋に入れて50℃まで温め、2を加える。
4　1のみかんの実を、1房につき3等分ほどにちぎってボウルに入れ、3を加え、ボウルを氷水にあてて冷やす。

◎ みかんのアイスクリーム
　みかんのジュレを添えて（作り方p.218）。

古屋壮一

フレンチ・イタリアン　果物で作る

ライムのソース

● チョコレートやバナナなどのデザートの他、ホタテのタルタルなどにもよく合う。
● 冷蔵庫で1ヵ月。

古屋壮一

甘酸っぱいライムの風味が
たっぷりの、美しい色のソース。

材料（作りやすい量）
ライム … 10個
グラニュー糖 … 200g
サラダ油 … 大さじ1

1　ライムの皮をむき、皮は3回ゆでこぼす（ブランシール）。実はすべて果汁を絞っておく。
2　1の皮を鍋に入れ、水をひたひたに加えて火にかけ、やわらかくなるまで煮る（30分ほど）。水を捨て、1のライム果汁を加え、グラニュー糖を入れて更に30分ほど煮て、冷ましておく。
3　2が冷めたらミキサーに入れ、水を少量加えて濃度を調整しながら回す。最後にサラダ油を加えて回す。

コリアンダーオレンジソース

● 鴨、羊などと相性がよい。フォンドボーをフュメ・ド・ポワソンに替えれば魚にも対応できる。
● 冷蔵庫で2週間。

古屋壮一

鴨胸肉のローストに、温めたコリアンダーオレンジソース（右記参照）を添えて。

コリアンダーの風味がオレンジとよく合う。肉料理にぴったりなソース。

材料（作りやすい量）
グラニュー糖 … 大さじ1
オレンジ果汁 … 50ml
ブイヨン … 30ml
フォンドボー … 50ml
コリアンダーシード … 10粒
塩 … 適量

1　グラニュー糖を鍋に入れて火にかけ、キャラメル状に焦がす。
2　1にオレンジ果汁を加えて水分が少なくなるまで煮詰め、ブイヨンを加えて半量になるまで更に煮詰める。
3　2にフォンドボーを加え、つぶしたコリアンダーを入れて少し煮詰め、塩で味を調える。

◎ チョコレートケーキ（マルキーズ・ショコラ）　ライムのソース

材料（作りやすい量）

チョコレートケーキ（マルキーズ・ショコラ）
- 生クリーム（六〜七分立てにする）…500g
  - 全卵…1個
  - 卵黄…4個
  - グラニュー糖…80g
  - 水…40g
  - カカオパウダー…20g
  - チョコレート（ヴァローナ社製（カカオ61%））…200g
  - グランマルニエ…30g

ライムのソース（p.84参照）… 適量

1　鍋にグラニュー糖と分量の水を合わせて118℃に熱する。
2　全卵と卵黄を合わせてケミックスのボウルに入れ、1を加えながら攪拌し、パータ・ボンブを作る。
3　別のボウルにカカオパウダーとチョコレートを合わせて湯煎で溶かしておく。
4　3に2を加えて合わせ、泡立てた生クリームを合わせ、グランマルニエを加える。
5　4を型に入れ、冷蔵庫で冷やし固める。
6　皿の中央を空けて、チョコレートのジェノワーズのパウダー（分量外）をふり、中央にライムのソースを絞り袋で細く出して敷き、その上に、適当な大きさに切った5のケーキを盛り付ける。

りんごのソース

- 少し生クリームを加えてスープにしてもよい。
- 冷蔵庫で1週間。

リンゴのピュアな風味を楽しめるソース。

材料
リンゴ … 適量
砂糖 … 適量（リンゴの甘さによる）
A（リンゴのピューレ100gに対する量）
　生クリーム … 大さじ1
　カルヴァドス酒 … 小さじ1

1　リンゴは皮をむいて芯を除き、鍋に入れて水をひたひたに注ぎ、火にかけてゆっくり1時間ほど煮る（リンゴの甘さや好みにより、砂糖を少しずつ加える）。
2　1をミキサーにかける。
3　2のピューレ100gに対してAの生クリームとカルヴァドス酒を加えて混ぜる。

◎ りんごのガレット
　りんごのソース

材料（作りやすい量）
りんごのガレット
　リンゴ … 1個
　A　卵 … 1個
　　　黒糖 … 50g
　　　塩 … 1g
　　　アーモンドプードル … 40g
　　　薄力粉 … 40g
　　　シナモンパウダー … 1g
　　　ベーキングパウダー … 1.5g
　　　溶かし無塩バター … 30g
　　　ラム酒 … 5g
りんごのチップ（リンゴを薄切りにし、食品乾燥機で乾燥させたもの）
　… 適量
りんごのソース（上記参照）… 適量

1　りんごのガレットを作る。リンゴは皮をむいて芯を取り、縦8等分のくし形に切って、5mm厚さにスライスする。
2　Aの中の粉類をボウルに合わせて泡立て器で混ぜ、残りのAを加えて更に混ぜ合わせ、1のリンゴを合わせる。
3　2をシフォン型に入れ、170℃のオーブンで40分焼く。
4　冷めたら適当な大きさに切り、りんごのチップを挿して器に盛る。りんごのソースを添える。

古屋壯一

ドラゴンフルーツとバジルシードのソース

● このまま、あるいは白ワインのゼリーなどと合わせてフルーツにかけてデザートに。光りものの魚のカルパッチョにかけてもよい。● 冷蔵庫で2〜3日。

黒い粒々が楽しいソース。
デザートや前菜に使うと
インパクトがある。

材料（作りやすい量）
バジルシード（たっぷりの水に浸けて
　戻したもの）… 大さじ2
ドラゴンフルーツ（皮をむいて5mm
　角に切ったもの）… 大さじ2
粉糖 … 小さじ1
白ワインビネガー … 小さじ1

戻したバジルシードとドラゴンフルーツをボウルに合わせ、粉糖、白ワインビネガーを加えて混ぜ合わせる。

◎ フルーツカクテル

食べやすい大きさに切ったバナナ、イチゴ、リンゴ、皮をむいた巨峰を、ドラゴンフルーツとバジルシードのソース（上記参照）でさっと和えて器に盛り、マイクロフェンネルを散らす。

古屋壮一

フレンチ・イタリアン　果物で作る

いちじくのソース

- フォンドボーを少量加え、豚肉や鴨肉のソースとして使ってもよい。
- 冷蔵庫で1週間。冷凍も可能。

イチジクの甘みと赤ワインの酸味が生きたソース。

材料
イチジク、赤ワイン、グラニュー糖…各適量

1　イチジクは皮付きのまま適宜に切って鍋に入れ、ひたひたの赤ワインを注いで火にかけ、アルコール分を飛ばす。

2　1にグラニュー糖を加えて5分ほど煮て、イチジクに火が入ったら、すべてミキサーにかける。

*グラニュー糖の量はイチジクの甘さにより調整する。

フォワグラのテリーヌに添えて。

古屋壮一

梅ソース

● チーズに添える。肉料理のソースに。ドレッシングに加える。肉のマリネに。デザートになど幅広く使える。
● 落としラップをして密閉し、冷蔵庫で1ヵ月ほど。

イタリアのアンズソースのイメージで、梅シロップを作った後の梅を利用して作る。甘酸っぱいジャム状のソース。

材料（作りやすい量）
梅酒
- 青梅…1kg
- ホワイトリカー…2ℓ
- 氷砂糖…200〜300g
- *通常の方法で作ったもの。

梅シロップ
- 青梅…1kg
- 砂糖…500g
- *通常の方法で作ったもの。

梅シロップを作った後の梅の種をはずし、果肉に梅酒を適量加えてすりつぶす。

*マリネ液に使う場合は、ワイン、梅ソース、ニンニクスライス、ネズの実を合わせ、鹿肉などを漬け込む。
*デザートに使う場合は、ジャムのようにクッキーやケーキに挟んだり、生クリームに加えてパンナコッタに、シロップを加えてジェラートになど。

◎ 梅のデザート

材料
梅ソース（上記参照）…適量
ゼラチン（ふやかしておく）…適量
いちじくのジェラート*…適量

*熟したイチジクの皮をむき、砂糖をまぶしてつぶし、ライム果汁を加えてマシンにかけたもの。

1 梅ソースを鍋に入れ、火にかけて練る。焦げそうになったら水を少量加える。
2 1にゼラチンを加えて混ぜる（しっかりした固さになるように）。
3 2をバットなどに流し、冷蔵庫で冷やし固める。
4 3を食べやすい大きさに切って器に盛り、いちじくのジェラートを添える。

*梅の酸味がおいしい、夏向きのデザート。

有馬邦明

フレンチ・イタリアン　果物で作る

ドライフルーツのソース

● フルーツと相性のよい料理や食品に添える他、菓子やパンの生地に練り込む使い方も。
● 冷蔵庫で2〜3週間

有馬邦明

凝縮感のあるジャム状のソース。

材料(作りやすい量)
ドライフルーツ(好みのもの。シロップまたはブランデーに漬けておいたもの)…500g
果汁(使うフルーツの果汁。または赤ワイン)
　…500ml

1　シロップ(またはブランデー)漬けのドライフルーツを鍋に入れ、果汁を加えてやわらかくなるまで炊く。
2　粗熱を取った後、すりつぶす。

＊果汁は使うフルーツのものがよいが、使いやすいブドウジュース、リンゴジュースでもよい(柑橘系のジュースは、他のフルーツに使う場合香りが強すぎてフルーツの風味が消されてしまうので加減する)。
＊ドライフルーツは、p.46のようにバルサミコ酢に漬けておいたものを使用してもよい。

びわのソース

● 肉料理のソースや付け合わせに。パンに合わせる。デザートになど。
● 冷蔵庫で2週間

有馬邦明

ビワに、酸味の強いブドウジュースの風味を加える。

材料(作りやすい量)
ビワ…20個
グラニュー糖
　…適量(ビワの重量の20〜30%)
白ブドウジュース(市販＊)…200ml

＊ここではワイン用のブドウで作った酸味の強いものを使用している。甘みの強いものを使用するならその分グラニュー糖の量を控えるとよい。

1　ビワは皮をむいて鍋に入れ、多めのグラニュー糖をのせ、ブドウジュースを加えてゆっくり炊いていく。
2　1に艶が出てきたら火を止めて、果肉を崩す。

◎ ビスコッティ

材料(作りやすい量)
- A
  - 小麦粉…150g
  - グラニュー糖…150g
  - アーモンドプードル…100g
  - 卵…2個
  - 塩…少量
- ドライフルーツのソース(p.90参照)…適量
- ドライフルーツ(リンゴなど)…適量
- カルダモン(パウダー。好みで)…少量

1 Aを混ぜ合わせ、刻んだドライフルーツとドライフルーツのソース(好みでカルダモンも)を加えて合わせる。

2 1をまとめて棒状にのばし、天板にのせ、180℃のオーブンで10分焼いて取り出し、食べやすい厚さに切り分ける。

3 オーブンの温度を130℃にして2を戻し入れ、20〜30分焼く(中の水分が飛んでカラカラに焼き上がる)。

魚介・魚介加工品で作る

いかすみのソース

● パスタ、リゾット、魚のソースに。パンに練り込むなど。 ● 冷蔵庫で1週間。

生クリームを加えて
やわらかい風味に。

材料(作りやすい量)
オリーブ油… 大さじ2
ニンニク…1粒
イカの塩辛… 小さじ1
イカのワタ*…5ハイ分
日本酒… 大さじ2～3
ソテーオニオン(p.73参照)
　…大さじ3～4
トマトソース(p.59参照)
　…大さじ3～4
イカスミ(甲イカなどのもの)
　…5ハイ分
生クリーム…150ml

*生臭くなるので必ず新鮮なワタを使用する。

1　鍋にオリーブ油とニンニクを入れて火にかけ、イカの塩辛を加えて熱し、臭いを飛ばす(先に煎ることで香ばしさを出す)。
2　1にざく切りにしたイカのワタを入れ、火を通す。日本酒、ソテーオニオン、トマトソースを加えて煮詰める。
3　2にイカスミ、生クリームを入れて、半量ほどになるまで弱火で煮詰める。

◎ インツィミーノ

材料(作りやすい量)
イカ…1パイ
ホウレン草…2束
いかすみのソース(上記参照)… 大さじ1
トマトソース(p.59参照)… 大さじ4～5
あさりのだし(p.99参照)… 計80mlほど
ニンニク…1/4粒
オリーブ油… 適量
白ワインビネガー… 大さじ1
白インゲン豆のピューレ*… 大さじ1
イタリアンパセリ(みじん切り)… 少量

*水に浸けて戻した白インゲン豆とニンニク、赤唐辛子、ナツメグ、ローズマリー、ひたひたの水を鍋に合わせてゆっくり炊く。豆がやわらかくなったら粗熱を取り、ミキサーにかけてピューレにしたもの。

1　イカは掃除し、食べやすく切る(足は吸盤を取っておく)。
2　鍋にオリーブ油とニンニクを入れて炒める。香りが出たらワインビネガーを入れ、トマトソース、あさりのだし40mlほどを入れて半量まで煮詰める。
3　2に1のイカを入れて熱し、いかすみのソースを入れ、適宜に切ったホウレン草を入れて15分ほど炊く。
4　別鍋に白インゲン豆のピューレを入れ、あさりのだし40mlほどを加えて火にかけて熱し、オリーブ油を加えてつなぐ。
5　4と3を器に盛り合わせ、イタリアンパセリを散らす。

*トスカーナの名物料理。イカを丸ごと使った煮込み。
*トマトやワインビネガーの効果で、イカがやわらかくなる。

有馬邦明

フレンチ・イタリアン　魚介・魚介加工品で作る

いかすみのソース

- パスタ、リゾット、魚のソースなどに。
- 冷蔵庫で4～5日。冷凍もできる。

白ワインもたっぷり加えて作る、リッチなソース。

材料（作りやすい量）
魚のアラ …1kg
オリーブ油 … 適量
玉ネギ（薄切り）…1個分
ニンジン（薄切り）…1/2本分
セロリ（薄切り）…2本分
ニンニク …1/2株
タイム …1本
ローリエ …1枚
白ワイン …1ℓ
トマトホール …2缶（400g×2）
イカスミ …300g

1　鍋にオリーブ油をひいて魚のアラを炒め、玉ネギ、ニンジン、セロリを加えて更に少し炒める。他のすべての材料を加えて30分煮る。
2　1を漉す。

◎ いかすみのリゾット
黒々とした色が印象的なリゾットに、白いヤリイカのソテーを添えて（作り方p.219）。

古屋壮一

あわびの肝ソース

● アワビの料理に添える、塗って焼くなど。 ● 冷蔵庫で1週間。

アワビの肝の、濃厚な風味を生かして作る。

材料(作りやすい量)
アワビの肝＊…20個分
アワビのスープ(ゆで汁＊)
　…適量
日本酒…150ml
ニンニク(薄切り)…2枚
ガルム(魚醤)…大さじ2〜3
ソテーオニオン(p.73参照)
　…大さじ4〜5
塩、コショウ…各適量

＊アワビの肝とスープ：殻付きのアワビを水に入れて弱火で軽くゆで、身に串がスッと入るようになったら取り出して冷まし、身から肝をはずす。この肝とゆで汁(スープ)を使う。

1　アワビの肝を鍋に入れ、アワビのスープ(ゆで汁)と日本酒、ニンニク、ガルム、ソテーオニオンを入れて火にかける。
2　肝に火が入ったら(きちんと火は入れるが、入れすぎると食感が悪くなるので注意する)ミキサーに入れ、煮汁を加えて固さを調整しながら攪拌し、塩、コショウで味を調える。

＊好みで味噌を加えてもよい。

◎ あわびの肝ソース焼き

材料
アワビの身(上記＊のようにゆでた身)…適量
あわびの肝ソース(上記参照)…適量
ハモ、ジャガイモ、ハモのブロード…各適量
季節の青菜(塩ゆでしたもの)…適量

1　アワビの身にあわびの肝ソースを塗って、オーブンで軽く焼く。
2　焼いたハモの身とゆでたジャガイモを合わせてすりつぶし、ハモのブロードを加えてやわらかく炊いた付け合わせを皿に敷き、1のアワビを盛って、青菜を添える。

有馬邦明

あゆの肝ソース

● アユの料理に合わせる。● 冷蔵庫で4〜5日。

肝の苦みがおいしいソース。
サンマ、イワシなど
他の魚の肝でも
同様に作れる。

材料(作りやすい量)
アユ(天然物)の肝* … 50g
ソテーオニオン(p.73参照)
　… 大さじ1
日本酒 … 大さじ2〜3
塩 … 適量
油脂(オリーブ油、菜種油、バターなど
　好みのもの) … 適量(好みで)

*アユを三枚におろし、取り出した肝(身、頭、骨は下記の料理に使用する)。

1 アユの肝、ソテーオニオン、日本酒を鍋に入れ、弱火にかけながら練っていく。
2 1をすりつぶし、塩で味を調える。好みで油脂を少量加えてもよい。

◎ あゆのテリーヌ　肝ソース添え

材料(作りやすい量)
アユの身(三枚におろしたもの) … 30尾分
アユの頭、骨(三枚におろした際に出たもの)
　… 30尾分
塩 … 適量
香味野菜(ニンジン、玉ネギ、長ネギなど) … 適量
ゼラチン(水でふやかしておく) … 10g
あゆの肝ソース(上記参照) … 適量
レンコンとみょうがのピクルス … 適量
青柚子皮(粗みじん切り) … 少量

1 アユの頭と骨を塩焼きにして鍋に入れ、水と香味野菜を加えて煮出す。味が出たら漉して、アユのブロードをとる。
2 アユの身に軽く塩をふり、火にかけたフライパンに皮目から入れて、両面を焼く。
3 1のアユのブロード150mlを温め、水気を切ったゼラチンを加えて溶かす。
4 ラップフィルムを敷いたテリース型に、2のアユを2/3ほどの高さまで敷き込み、3を注ぐ。冷蔵庫で冷やし固める。
5 固まったら食べやすい厚さに切って器に盛り、あゆの肝ソース、レンコンとみょうがのピクルスを添えて、青柚子の皮を散らす。

有馬邦明

97 | フレンチ・イタリアン　魚介・魚介加工品で作る

アンショワヤード（アンチョビペースト）

● 温かいゆで野菜を和える。温かい魚のソースにするなど。　● 冷蔵庫で10日以上。

アンチョビの旨みと塩気がおいしい、プロヴァンス生まれのソース。

材料（作りやすい量）
アンチョビ（フィレ）…20枚
ピーマン（ヘタと種を取る）…5個
ニンニク（皮をむく）…1株
緑オリーブ…150g
オリーブ油…225g

1　すべての材料をミキサーに合わせて回す。
2　1を鍋に移し、20分ほどかけてゆっくり火を入れる。冷ましておく。

◎ニース風サラダ

キュウリ、ジャガイモ（ゆでて皮をむいたもの）、マグロ（赤身のサク）をすべて食べやすい大きさに切り、アンショワヤード（上記参照）で和えて器に盛り、ダークオパールを添える。

古屋壯一

あさりのだし

● 魚料理に使う野菜のソースをのばす。またパスタのソースにも。グリーンソースを混ぜればヒスイ色のソースになる。● 冷蔵庫で1週間。

貝のだしは魚のだしより簡単で、味や香りもよく、使い勝手がいい。

材料
アサリ（砂出ししたもの）… 適量
日本酒 … 適量
ガルム（魚醤）… 少量

1 アサリと日本酒を鍋に合わせて蓋をし、火にかける。沸いたら水をひたひたに加え、弱火でゆっくり加熱する。途中でガルムを加える（アサリの塩分による）。
2 アサリが口を開けたら取り出し、殻から身を取り出しておく。
3 蒸し汁は、火にかけて1/4〜1/5くらいに煮詰める。
4 3が熱いうちに、2のアサリの身を浸けておく。

◎ かぶのあさりグリーンソース風味

材料
カブ（薄切り）… 適量
あさりのだし（上記参照）… 適量
サルサ・ヴェルデ（p.53参照）… 適量
無塩バター … 適量

1 鍋にカブを入れ、あさりのだしをひたひたに加えて蓋をし、ゆっくり火を入れる（カブから出た水分があさりのだしと混じり、カブに戻る）。
2 1に、あさりのだしに浸けておいたアサリの身を入れて、サルサ・ヴェルデを加え、バターを少量加えて和える。

＊強火で加熱するとカブはすぐにやわらかくなってしまうので、弱火で加熱して食感を残すのがポイント。

有馬邦明

ソース・ブイヤベース

魚、イカ、タコ、貝など魚介全般に。米を入れてリゾットにしても。
● 冷蔵庫で1週間

魚介や野菜の旨みが凝縮されたブイヤベースを、ソースにする発想。

材料（作りやすい量）
魚のアラ … 1kg
A ┌ 玉ネギ（みじん切り）… 1個分
　├ セロリ（みじん切り）… 1/2本分
　├ ニンジン（みじん切り）… 1/2本分
　├ ニンニク … 1/2粒
　├ タイム … 2本
　├ ローリエ … 1枚
　├ 八角 … 1/2個
　├ ジュニエーブル（ジュニパーベリー）… 1個
　├ クローブ … 1個
　└ クミンシード … 小さじ1
白ワイン … 500ml
トマトコンサントレ … 大さじ3
トマトホール … 2缶（400g×2）
サフラン … 小さじ2
オリーブ油 … 適量

1 オリーブ油をひいた鉄板に魚のアラをのせ、250℃のオーブンで10分ほど焼いてカリッとさせる。
2 鍋にオリーブ油をひいてAを入れ、炒める。
3 2に1を入れ、白ワインを入れてアルコール分を飛ばす。トマトコンサントレ、トマトホールを入れ、水をひたひたに加えてサフランを入れ、2時間ほど煮る。シノワで漉す。

◎ ムール貝の白ワイン蒸し

材料（2人分）
ムール貝 … 6個
ニンニク（みじん切り）… 小さじ1
エシャロット（みじん切り）… 小さじ1
白ワイン … 20ml
オリーブ油 … 適量
ソース・ブイヤベース（上記参照）… 適量

1 鍋にオリーブ油をひいてニンニクとエシャロットを入れて熱し、香りを出す。
2 1にムール貝を入れて軽くからめ、白ワインを加えて蓋をし、蒸し焼きにして殻を開ける。
3 2のムール貝を器に盛り、温めたソース・ブイヤベースを注ぐ。

古屋壮一

101 | フレンチ・イタリアン　魚介・魚介加工品で作る

肉・肉加工品で作る

豚肉ソース

和知 徹

● 挽き肉やミートソースなどと同様、さまざまな料理に使える。そのままでも食べられる。
● 冷蔵庫で4～5日(上にラードで"蓋"をする)。

簡単に料理にボリュームが出せる肉のソースは便利。
いろいろな使い方ができる。

材料(作りやすい量)
豚ヒレ肉(一口大に切ったもの)…500g
塩…8g
玉ネギ(乱切り)…1/2個分
ニンニク…2粒
タイム…3本
ローリエ…1枚
ラード…2ℓ

1　豚肉に塩をまぶしつけ、一晩おく。
2　1とその他の材料をすべて鍋に入れ、70～80℃で肉がやわらかくなるまで煮る。
3　2の肉をフードプロセッサーに入れ、固さを見ながら2のラードを加えて攪拌し、粗めのペーストにする。

なめらか豚肉ソース

和知 徹

● 生野菜に添えるディップに。ゆでた肉に添えても。ポテトサラダに混ぜてもよい。
● 冷蔵庫で2～3日。

上記の豚肉ソースの作り方2までは同じ。煮込んだ豚肉125g、煮込みに使ったラード100g、牛乳50mlをフードプロセッサーにかけてなめらかなペーストにする。

◎ディップ
小さな器に入れて、スティック野菜に添える。

◎グラタン

マカロニ（乾麺40g）をゆで上げて耐熱皿に入れ、豚肉ソース（p.102上参照）大さじ4と、グリュイエール・チーズ大さじ3をかけて200℃のオーブンでキツネ色になるまで焼く。イタリアンパセリをふる。

◎豚肉とキャベツのホットサンド

酢と塩を加えてもみ、少量のカレー粉を混ぜたキャベツのせん切り大さじ3と、豚肉ソース（p.102上参照）大さじ3を、食パン（8枚切り）2枚でサンドして、バウルー（ホットサンドメーカー）でこんがり焼き上げる。

◎＋フレッシュパプリカで
　スペイン風オムレツ

赤パプリカ1/2個は1cm角に切っておく。卵6個に豚肉ソース（p.102上参照）大さじ4と、赤パプリカを加えて混ぜ、パンケーキのようにバターで両面焼く。

ミートソース

挽き肉を炒めずに作る、
簡単でおいしいミートソース。
トマトソースを加えずに
作っておくと、
さまざまな展開が可能。

材料（作りやすい量）
合挽き肉…200g
生姜（みじん切り）…薄切り1枚分
オリーブ油…大さじ1
日本酒…大さじ4
ガルム（魚醤）…大さじ1/2
ブロード（または水）…適量
玉ネギ（みじん切り）…大さじ1

＊挽き肉は豚が混じると質のよい脂が加わり、やわらかく仕上がる。

1　鍋に日本酒、オリーブ油、生姜を入れて沸かす。ガルム、ブロード、玉ネギを加えてスープを作る。
2　1に合挽き肉を入れて、火を通す。

● ゆでたジャガイモにかける。パン粉やご飯を混ぜてコロッケに。トマトソースを加えてパスタのソースになど。● 冷蔵庫で約2週間。小分けにして冷凍してもよい。

有馬邦明

鴨のミートソース

鴨を丸ごと1羽使って
作る煮込みソース。

材料（作りやすい量）
鴨（中抜き）…1羽
白ワイン…200ml
ソフリット（p.72参照）…100g
トマトソース（p.59参照）…200g
ローズマリー…3〜4本
ローリエ（生）…2〜3枚
ニンニク…2粒
塩…適量

1　鴨は塩をしてフライパンで皮をしっかり焼き、丸ごと鍋に入れる。白ワイン、ソフリット、トマトソースと水をひたひたに加え、ローズマリー、ローリエ、ニンニクを入れて火にかけ、ゆっくり炊いていく。
2　途中で骨を取り除きながら、肉をほぐし、肉とスープがなじんで濃度がつくまで炊き上げる。

● パスタ、リゾット、詰め物に。ジャガイモのマッシュに加えて揚げ物に。クロスティーニやピッツァの具になど。● 冷蔵庫で1週間。

有馬邦明

◎ 鴨のパッパルデッレ

材料（1人分）
パッパルデッレ…100g
鴨のミートソース（p.104参照）…60g
塩、E.V.オリーブ油…各適量
イタリアンパセリ（粗みじん切り）…適量
パルミジャーノ・レッジャーノ・チーズ…適量

1　1%の塩を加えた湯でパッパルデッレをゆでる。
2　温めておいた鴨のミートソースに、水気を切った1を入れ、オリーブ油を加えて和える。
3　2を器に盛り、イタリアンパセリを散らし、パルミジャーノ・チーズを削りかける。

パンチェッタのソース

● パスタや煮込みのソースに。詰め物の具になど。 ● 冷蔵庫で1ヵ月程度。ただし、日本酒のアルコールはしっかり飛ばしておく。

成形した際に出る
パンチェッタの切れ端などを
利用して作るとよい。

材料(作りやすい量)
パンチェッタ … 100g
ラルド … 100g
ニンニク(みじん切り) … 1/2粒分
玉ネギ(粗みじん切り) … 1/2個分
赤唐辛子(ちぎったもの。または粉
　唐辛子) … 少量
ドライトマト(みじん切り)
　… 2〜3カケ分
太白ゴマ油 … 適量
日本酒 … 大さじ2

1　パンチェッタとラルドは小さく刻む。
2　フライパンに多めの太白ゴマ油を入れて熱し、1のパンチェッタとラルド、ニンニクを入れて炒める。
3　2に玉ネギを入れ、温まったら日本酒、赤唐辛子、ドライトマトを加える。コトコトとしてきたら、火を止める。

◎ パンチェッタのおつまみ

材料
パン(サンドイッチ用) … 適量
パンチェッタのソース(上記参照) … 適量
ジャガイモ(ゆでて皮をむき、つぶしたもの) … 適量
ゆで卵(みじん切り) … 適量
オリーブ油 … 適量
イチジク … 適量

1　パンチェッタのソース、ジャガイモ、ゆで卵を混ぜ合わせる。
2　パンの上に1をのせて半分に折りたたみ、合わせた縁を上からスパテラで押して閉じ、端をパイカッターで切り落とす。
3　オリーブ油を薄くひいたフライパンに2を入れて、両面を色よく焼く。
4　食べやすい大きさに切り分けて器に盛り、くし形に切ったイチジクを添える。

有馬邦明

卵で作る

タルタルソース

● 揚げ物に添える。ゆでたジャガイモやキャベツを和えてサラダになど。 ● 冷蔵庫で1週間。

覚えておくと便利なソース。

材料（作りやすい量）
マヨネーズ
- 卵黄…1個
- 白ワインビネガー…大さじ1
- マスタード…大さじ1
- 太白ゴマ油…150〜200ml
- 塩、コショウ…各適量

ピクルス（パプリカ、生姜）…適量
エシャロット…1個
粒マスタード…小さじ1
ゆで卵…2個

1 マヨネーズを作る。ボウルに卵黄、ワインビネガー、マスタードを入れて泡立て器で混ぜ合わせる。ここに太白ゴマ油を少しずつたらしながら、泡立て器でよく混ぜ合わせる。塩、コショウで味を調える。

2 タルタルソースを作る。ピクルスはみじん切りにする。エシャロットはみじん切りにし、水にさらして水気をよく絞っておく。ゆで卵は裏漉す。

3 1と2と粒マスタードを混ぜ合わせる。

*好みで唐辛子オイル、ニンニクなどを少量加えてもよい。

◎ うさぎのロートロ タルタルソース添え

ウサギの背肉でウサギの挽き肉ベースの詰め物を巻いて作る、トスカーナの名物料理。タルタルソースには、サルサ・ヴェルデを加えてほんのり緑色に（作り方p.219）。

有馬邦明

107 ｜ フレンチ・イタリアン　卵で作る

卵黄とシェリービネガーのソース

● ホタルイカ、イカ、生野菜に。ウドなどのクセのある野菜にもよく合う。● 冷蔵庫で1週間。

卵を冷凍して卵黄を固め、これをペースト状にして作る。日本料理の黄身酢のイメージ。

材料（作りやすい量）
卵…10個
シェリービネガー…小さじ1
塩…ひとつまみ

1　卵は殻付きのまま丸ごと冷凍しておく。
2　1を解凍して殻をむき、凍った状態の卵黄を取り出す（卵白は別の料理に使用する）。
3　2の卵黄をタミ（目の細かい漉し器）で2回パッセする（漉す）。
4　3をボウルに入れ、シェリービネガー、塩を加え、泡立て器でよく混ぜ合わせる。

◎ やりいかのソテー

掃除して皮をむいたヤリイカに塩をし、オリーブ油をひいたフライパンでさっとソテーして半生に火を入れる。輪切りにして皿に盛り、卵黄とシェリービネガーのソース（上記参照）を添えて、ダークオパールを散らす。

古屋壯一

和食

江崎新太郎（日本料理 青山えさき）
吉岡英尋（なすび亭）

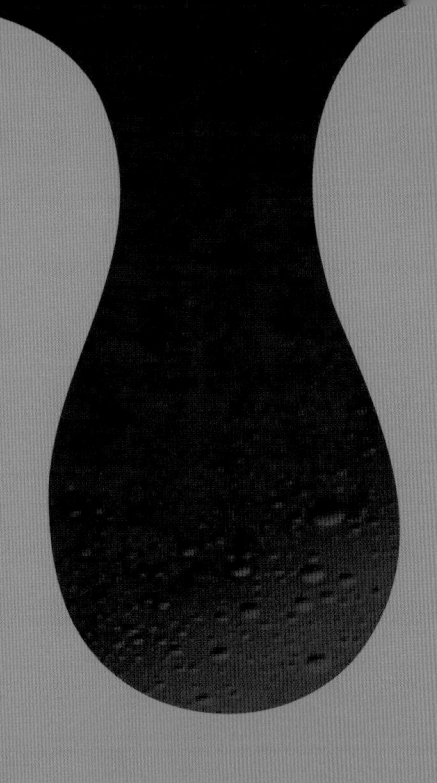

基本のたれ・合わせ調味料

お浸しだし

- 野菜のお浸しに。
- 冷蔵庫で3日。

野菜のお浸し全般に使える、基本の合わせだし。

材料（作りやすい量）
水 … 400ml
薄口醤油 … 50ml
みりん … 25ml
酒 … 25ml
昆布 … 5g
かつお節 … 15g

1　鍋にすべての材料を合わせて沸かす。そのまま冷ましておく。
2　冷めたらクッキングペーパーで漉す。

＊野菜のお浸し：野菜（ホウレン草など）をゆでて水気をよく絞り、お浸しだしに2時間ほど浸けておく。

◎ 生野菜のお浸し

水菜は食べやすい長さに切り、キュウリ、大葉、みょうがは水菜の長さに合わせた細切りにする。器に盛り合わせてお浸しだし（上記参照）をかけ、白煎りゴマをふる。

吉岡英尋

うどんだし

- うどんやそうめんのだし。魚や豆腐、ナスの揚げ出しにも。
- 冷蔵庫で3日。

薄口醤油を使い、かつお節と昆布の旨みをしっかり加えた関西風のうどんだし。

材料（作りやすい量）
水 … 400ml
薄口醤油 … 50ml
みりん … 50ml
昆布 … 5g
かつお節 … 15g

1　鍋にすべての材料を合わせて沸かす。そのまま冷ましておく。
2　冷めたらクッキングペーパーで漉す。

◎ うどん（関西風）

鍋にうどんだし（上記参照）を沸かし、ゆでたうどん、京揚げ（短冊切り）、九条ネギ（斜め薄切り）、わかめ（ざく切り）を入れて温め、器に盛る。細切りにした青柚子皮をのせる。

吉岡英尋

そばがえし

そばやうどんのつけだれに。料理にも。 ● 冷蔵庫で1ヵ月以上。

煮干しとかつお節の旨みが溶け込んだ、そばつゆの素。料理用の合わせ調味料としても使える。

材料（作りやすい量）
濃口醤油…1ℓ
煮干し…50g
砂糖…100g
かつお節…40g

1　鍋に濃口醤油と煮干しを合わせて一晩おく。
2　1を火にかけて砂糖を加えて沸かし、砂糖が溶けたらかつお節を入れて火を止め、そのまま冷ます。
3　2が冷めたらクッキングペーパーで漉す。

＊冷たいそばのつけだれは、水4〜5：そばがえし1の割合で合わせる。ぶっかけそばのつゆは、水8〜9：そばがえし1の割合で合わせる。

◎ まぐろの漬け丼

材料
マグロ（刺身）、そばがえし（上記参照）、ご飯、刻みネギ、刻み海苔、わさび（すりおろし）…各適量

1　マグロの刺身にそばがえしをかけて、冷蔵庫で10分ほどおく。
2　器にご飯を入れ、1のマグロをのせ、刻みネギ、刻み海苔、おろしわさびをのせる。

吉岡英尋

土佐酢

● 酢の物、お浸しに。さっとゆでたみょうがや棒生姜を漬ければ、口直しの1品に。●冷蔵庫で1週間。

昆布とかつお節の旨みを加えて作る、使い勝手のいい合わせ酢。

材料(作りやすい量)
水 … 350ml
薄口醤油 … 100ml
米酢 … 150ml
みりん … 50ml
昆布 … 5g
かつお節 … 15g

1 鍋にすべての材料を合わせて沸かす。そのまま冷ましておく。
2 冷めたらクッキングペーパーで漉す。

◎ 鮭の南蛮漬け

材料
生鮭(切り身)、片栗粉、揚げ油(サラダ油)、土佐酢(上記参照)、長ネギ(斜め薄切り)、万能ネギ(2〜3cm長さに切る)、一味唐辛子 … 各適量

1 土佐酢と長ネギをバットに合わせておく。
2 生鮭は一口大に切って片栗粉をまぶし、170℃に熱した油で揚げて油を切り、すぐに1に漬ける。
3 2を器に盛り、万能ネギを散らし、一味唐辛子をふる。

吉岡英尋

ポン酢

● 鍋のつけだれの他、和え物、焼き物、揚げ物などさまざまな料理に使える。● 冷蔵庫で1ヵ月以上。

スダチ果汁を使って作る簡単ポン酢。

材料（作りやすい量）
合わせ調味料
　┌ 濃口醤油 … 1½カップ
　│ 米酢 … 1カップ
　└ みりん … 大さじ1
昆布 … 10g
スダチ … 150g

1　合わせ調味料の材料を鍋に合わせて沸かす。
2　1を保存容器に移して昆布を入れ、スダチを半分に切って果汁を絞り入れ、絞り終わった皮もそのまま入れる。
3　2が冷めたら冷蔵庫に一晩置いた後、クッキングペーパーで漉す。

◎ 和風サラダ
食べやすい大きさに切った豆腐を器に盛り、食べやすく切った水菜、しらすをのせる。まわりにポン酢（上記参照）を注ぎ、上からラー油をまわしかける。

吉岡英尋

ごまだれ

- 和え衣にも。ゆで野菜やこんにゃくのつけだれにも。
- 冷蔵庫で1ヵ月。

吉岡英尋

ごま風味合わせ調味料のベース。

材料(作りやすい量)
ゴマペースト(白)…200g
濃口醤油…150ml
砂糖…30g

よく混ぜ合わせる。

◎ ごぼうといんげんのごま和え

ゴボウは洗って4cmほどの長さに切って縦四つ割にし、ゆでる。インゲンはゆでて、ゴボウの長さに合わせて切る。ボウルに合わせて入れ、ごまだれ(上記参照)と白煎りゴマを加えて和える。

ごま酢

- 刺身のつけだれ。サラダのドレッシングにも。
- 冷蔵庫で1ヵ月。

吉岡英尋

ごまだれに米酢を加えて作る。

材料(作りやすい量)
ごまだれ(上記参照)…50g
米酢…大さじ1

混ぜ合わせる。

◎ 帆立のカルパッチョ

ホタテ貝柱(小。刺身用)は厚みを半分に切る。ミニトマトは薄切りに、オクラはゆでて薄切りにする。器に盛り合わせてごま酢(上記参照)をまわしかけ、スダチを添える。

ごまつゆ

● 麺のつけだれ。ホウレン草などのお浸しのだしに。
● 冷蔵庫で3日。

ごまだれにうどんだしを加える。

材料(作りやすい量)
ごまだれ(p.114参照)…50g
うどんだし(p.110参照)…大さじ3

混ぜ合わせる。

◎ そうめん

そうめんをゆでて冷やし、器に盛り、万能ネギ(小口切り)、みょうが(薄切り)、おろし生姜を上にのせ、ごまつゆ(上記参照)を添える。

吉岡英尋

ごましゃぶだれ

● 鍋のつけだれ。焼き魚のつけだれに。
● 冷蔵庫で3日。

肉や魚にもよく合うたれ。

材料(作りやすい量)
ごまだれ(p.114参照)…50g
かつおと昆布のだし…大さじ1
生姜(すりおろし)…5g
一味唐辛子…1g

混ぜ合わせる。

◎ ゆで鶏のごま浸し

鶏モモ肉は、塩を加えた湯でゆでて水気を取り、食べやすく切り分けて器に盛る。極薄切りにして塩もみしたナスとキュウリをのせて、ごましゃぶだれ(上記参照)をかけ、白煎りゴマを散らす。

吉岡英尋

115 | 和食　基本のたれ・合わせ調味料

白和え衣

● どんな素材とも融合して、素材の持ち味を引き出す。● 水分が出てしまうので、使う直前に作る。

古くから伝承されてきた、すばらしい日本料理の和え衣。

材料(作りやすい量)
木綿豆腐…200g
白練りゴマ…大さじ1
薄口醤油…5ml
砂糖…大さじ1

1　豆腐は2時間ほど重石をかけて、水切りする。
2　すべての材料を合わせて、すり鉢ですり合わせる。

＊フードプロセッサーを使用してもよい。

◎ 空豆とインカのめざめ
　春の訪れ

材料(2人分)
ソラ豆…8個
ジャガイモ(インカのめざめ)…1個
白和え衣(上記参照)…大さじ2

1　ソラ豆はお尻に切り目を入れた後(まんべんなく火が通り、また、皮がむけやすくなる)、ゆでて皮をむく。
2　ジャガイモは皮をむいて食べやすい大きさに切り、蒸し器で蒸す。
3　1と2を白和え衣で和える。

江﨑新太郎

白酢和え衣

- 豆類、野菜（ニンジン、カブ、葉物、茎物）によく合う。
- 豆腐から水分が出てしまうので、使う直前に作る。

白和え衣に砂糖と米酢を加えたもの。やさしく下ゆでした素材に合わせると、素材の旨みが引き立つ。

材料（作りやすい量）
木綿豆腐 …200g
白練りゴマ … 大さじ1
砂糖 … 大さじ1
薄口醤油 …5ml
米酢 …10ml

1　豆腐は2時間ほど重石をかけて、水切りする。
2　すべての材料を合わせてすり鉢ですり合わせる。

＊フードプロセッサーを使用してもよい。

◎マスカットの白酢和え

材料（1人分）
ブドウ（マスカット＊）…5粒
白酢和え衣（上記参照）… 適量

＊いろいろなブドウがあるが、清涼感や色合い、豆腐との相性からマスカットがベスト。

マスカットは皮をむき、半分まで包丁目を入れて種を抜く。白酢和え衣で和える。

＊種を抜く際に出る果汁も捨てずに一緒に和える。
＊提供する直前に作る。

江崎新太郎

117　和食　基本のたれ・合わせ調味料

万能煮つけだれ

● 煮つけ全般に。すき焼きの割り下や丼物（かつ丼や天丼）のたれなどに使える万能だれにもなる。● だしが入っているので長くは保存できない。冷蔵庫で3日ほど。

江﨑新太郎

基本の煮つけだれ。
合わせて火を入れておけば、
万能だれとしても使える。

材料（作りやすい量）
かつおと昆布のだし … 360ml
酒（煮切っていないもの）… 180ml
本みりん … 90ml
濃口醤油 … 70ml
砂糖 … 大さじ2

万能だれとして作り置く場合は、合わせてひと煮立ちさせる。

＊砂糖（甘み）の調整でいろいろな素材に使用できる。
＊下記のような煮つけに使う場合は、作る際に調味料を加えればよい（醤油の半量は後から加える）。

◎ 北海道きんきの煮つけ

材料（1尾分）
キンキ … 1尾
万能煮つけだれ（上記参照）の調味料 … 上記の量
＊上記の量でキンキ3尾を煮つけられる。
ゴボウ（洗って5cm長さに切り、縦に切り目を入れる）
　… 適量
木の芽 … 適量

1　キンキは内臓、エラ、うろこを取り、頭を左に置いて表面に×印の飾り包丁を入れ、裏面には火の通りをよくするため、背に横の切り目を入れておく。
2　万能煮つけだれの酒、砂糖、みりん、だし、半量の醤油を鍋に合わせてひと煮立ちさせ、ゴボウとキンキを入れる。落とし蓋をして10分炊いた後、レードルで煮汁をかけまわしながら、残りの醤油を加え、3分炊いてでき上がり。
3　器に盛り、木の芽を添える。

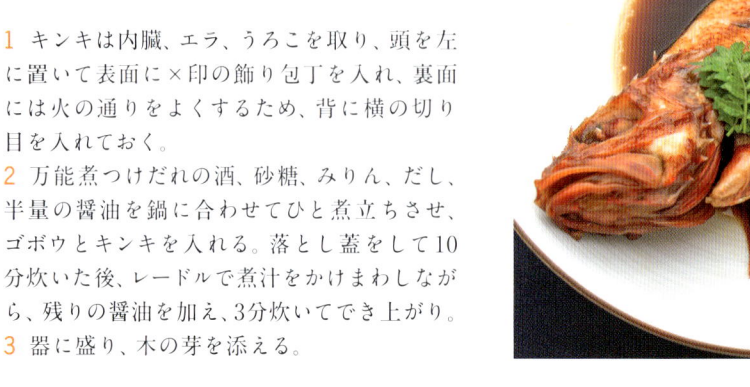

照り焼きだれ

● 魚の他、豚の生姜焼きなどの肉料理にも使える。 ● 冷蔵庫で4日。

覚えておくと便利な基本比率。

材料（作りやすい量）
濃口醤油…大さじ2
酒…大さじ2
本みりん…大さじ2
砂糖…大さじ1

すべての調味料を鍋に合わせてひと煮立ちさせ、弱火にして3分ほど煮る。

＊上記の分量は、ぶりの照り焼き2切れ分。
＊下記のぶりの照り焼きはフライパンで作るので、たれは合わせたら直接加えて仕上げる。

◎ 南伊勢ぶりの照り焼き

材料（2人分）
ブリ（切り身）…2切れ（200g）
照り焼きだれ（上記参照。調味料を合わせたもの）…上記の量
キャベツ（ゆでて水気を軽く絞る）…適量
塩、小麦粉…各適量
オリーブ油…大さじ1

1 ブリは両面に薄塩をふって30分おいた後、水で洗い、水気をふき取る。小麦粉を全体に軽くふる（たれに濃度をつけるため）。

2 フライパンにオリーブ油を入れて火にかけ、1のブリを入れて両面をこんがりと焼く。クッキングペーパーでフライパンの余分な油をふき取り、合わせた照り焼きだれの調味料を加える。たれをブリにかけまわしながら、からめる。

3 器に盛り、ゆでキャベツを添える。

＊みりんと酒のアルコール分が煮詰めを早めるので、たれの煮詰りを待ってブリを焼きすぎてしまう心配がない。身がふっくらと、たれもとろりと仕上がる。

江﨑新太郎

味噌で作る

柚子味噌

- ふろふき大根に。豆腐やこんにゃくの田楽味噌としてなど。
- 冷蔵庫で2週間以上。

ベースの合わせ味噌を作っておけば、加えるものを変えるだけでいろいろな合わせ味噌が作れる。ふろふき大根に欠かせない柚子味噌も簡単。

材料（作りやすい量）
ベースの合わせ味噌（下記参照）
　…大さじ2
柚子の絞り汁…1/2個分
柚子皮（すりおろし）…適量

混ぜ合わせる。

ベースの合わせ味噌

材料（作りやすい量）
味噌…500g
みりん…100ml
酒…100ml
砂糖…150g

すべてをよく混ぜ合わせた後鍋に入れ、火にかけてひと煮立ちさせる。

◎ 蒸し野菜　柚子味噌添え

カブ、ニンジン、インゲン、シイタケ、シメジをそれぞれ一口大に切って蒸し、器に盛り合わせて柚子味噌（上記参照）をかけ、すりおろした柚子皮をふる。

吉岡英尋

ごま味噌

- さまざまな素材のかけだれ、つけだれに。ポン酢でのばしてしゃぶしゃぶのたれに。
- 冷蔵庫で1ヵ月。

ベースの合わせ味噌に
ゴマペーストを加えるだけで
簡単に作れる。
濃厚な風味で肉とも
相性がよい。

材料（作りやすい量）
ベースの合わせ味噌（p.120参照）
　…100g
ゴマペースト（白）…30g

混ぜ合わせる。

◎ゆで豚のごま味噌がけ

材料
豚ロース肉（とんかつ用）、塩 … 各適量
ごま味噌（上記参照）、サニーレタス、溶きがらし
　…各適量

1　ゆで豚を作る。水に2%の塩を加えて火にかけ、沸いたら火を止めて1分間そのままおいた後豚肉を入れ、10分おく。
2　1のゆで豚を一口大に切ってサニーレタスを敷いた器に盛り、ごま味噌をかけて、溶きがらしをのせる。

吉岡英尋

きのこ味噌

● 野菜、焼き魚、鶏から揚げなどの添えだれに。
● 冷蔵庫で5日。

吉岡英尋

キノコの風味と歯応えを加える。
これだけでおつまみにもなる。

材料（作りやすい量）
キノコ（シメジ、シイタケ、マイタケ、エノキ）
　…計80g
ベースの合わせ味噌（p.120参照）
　…150g

1　キノコは石づきを切り落として粗みじんに切る。
2　ベースの合わせ味噌と1のキノコを鍋に合わせてひと煮立ちさせる。

トマト味噌

● サラダのドレッシング代わりに。冷奴のかけだれに。和え物に。
● 冷蔵庫で1週間。

吉岡英尋

トマトの旨みと酸味がおいしい。

材料（作りやすい量）
トマト …150g（小1個）
ベースの合わせ味噌（p.120参照）…150g
溶きがらし …大さじ1

1　トマトはヘタを取り、粗みじんに切る。
2　ベースの合わせ味噌と1のトマト、和がらしを鍋に合わせてひと煮立ちさせる。

◎ かつおのトマト味噌和え
カツオの切り身（刺身用）をトマト味噌（上記参照）で和えて器に盛り、三つ葉を散らす。

◎叩ききゅうり　きのこ味噌添え

キュウリを麺棒などで叩き、食べやすい大きさに切る。器に盛り、きのこ味噌(p.122参照)を添える。

おろしだれ

かぶおろしだれ

大根よりなめらかで味もやさしい。

材料（作りやすい量）
カブ（すりおろしたもの）…100g
ポン酢（p.113参照）…100ml

混ぜ合わせる。

＊カブおろしとポン酢が、およそ1:1の割合。

● 鍋のつけだれ。白身魚やブリの薄造りのつけだれ、カツオのたたきのたれなどに。● 冷蔵庫で1日。

◎ 鶏から揚げ　かぶおろしがけ

鶏モモ肉を一口大に切って塩と日本酒をまぶしてもみ、片栗粉をつけて揚げる。器に盛り、かぶおろしだれ（上記参照）をかけて、万能ネギを散らし、スダチを添える。

吉岡英尋

きゅうりおろしだれ

緑色が涼しげな、
さっぱりとしたおろしだれ。

材料（作りやすい量）
キュウリ…1本
土佐酢（p.112参照）…大さじ3

1　キュウリはおろし金ですりおろし、水気を絞る。
2　1と土佐酢を混ぜ合わせる。

＊キュウリおろしと土佐酢が、およそ1:2の割合。

● 白身の刺身のつけだれ。焼き魚のつけだれ。サラダのドレッシング代わりにも。● 使う直前に作る。

◎ たことわかめの酢の物

ゆでダコとワカメ（生。または塩蔵を戻したもの）を食べやすい大きさに切って器に盛り、きゅうりおろしだれ（上記参照）をかける。

吉岡英尋

にんじんおろしだれ

- 焼いた肉や魚のつけだれに。ゆでた葉物の煮浸しのだしに。
- 冷蔵庫で2日。

ニンジンのオレンジ色が美しい。白や黒、緑色の素材に合わせると映える。

材料（作りやすい量）
ニンジン（すりおろしたもの）
　　…70g
うどんだし（p.110参照）…200ml

混ぜ合わせてひと沸かしする。

＊ニンジンおろしとうどんだしが、およそ1:3の割合。

◎ すずきとなすの揚げ出し

材料
スズキ（切り身）…適量
ナス…適量
片栗粉、揚げ油（サラダ油）…各適量
にんじんおろしだれ（上記参照）…適量
スダチ（輪切り）…適量

1　スズキは皮を取り、食べやすい大きさに切る。片栗粉を薄くつけ、170℃に熱した油で揚げて油を切る。
2　ナスはヘタを取り、縦半分に切って皮目に3mm幅で切り込みを入れた後、食べやすい大きさに切る。熱した油で揚げて油を切る。
3　器に1と2を盛り合わせ、沸かしたにんじんおろしだれを入れ、スダチを添える。

吉岡英尋

ジュレ

お浸しだしジュレ

- 野菜のお浸しに。
- 冷蔵庫で3日。

野菜によく合うジュレ。

材料（作りやすい量）
お浸しだし（p.110参照）…500ml
板ゼラチン…1枚（15g）

1　板ゼラチンは、冷水に浸けて戻しておく。
2　お浸しだしを鍋に入れて温め、水気を切った1のゼラチンを入れて溶かす。溶けたら鍋底を氷水にあてて冷ます。粗熱が取れたら冷蔵庫で冷やし固める。

＊使う前にフォークなどで崩す。

◎ 夏野菜のお浸し

材料
オクラ、ツルムラサキ、ミニトマト、お浸しだしジュレ（上記参照）、スダチ…各適量

1　オクラ、ツルムラサキはそれぞれゆでて冷水にとり、冷めたらよく水気を切っておく。ミニトマトは半分に切る。
2　1を器に盛り、崩したお浸しだしジュレをかけ、スダチを添える。

吉岡英尋

土佐酢ジュレ

● 白身魚の薄作りのつけだれに。サラダのドレッシング代わりにも。
● 冷蔵庫で1週間。

使いやすい土佐酢を使ったジュレ。

材料(作りやすい量)
土佐酢(p.112参照)…500ml
板ゼラチン…1枚(15g)

1 板ゼラチンは、冷水に浸けて戻しておく。
2 土佐酢を鍋に入れて温め、水気を切った1のゼラチンを入れて溶かす。溶けたら鍋底を氷水にあてて冷ます。粗熱が取れたら冷蔵庫で冷やし固める。

＊使う前にフォークなどで崩す。

◎ かにとしめ鯖の酢の物

材料
ズワイガニ(脚のむき身)、しめ鯖、キュウリ、みょうが、土佐酢ジュレ(上記参照)、塩
　…各適量

1 ズワイガニの身としめ鯖は、一口大に切る。キュウリは細かい切り目を入れてから、一口大に切り、塩もみする。みょうがは縦半分に切る。
2 1を器に盛り合わせ、崩した土佐酢ジュレをかける。

吉岡英尋

ポン酢ジュレ

- ポン酢に合う料理なら、何にでも合う。
- 冷蔵庫で3日。

自家製ポン酢を使ったジュレ。

材料(作りやすい量)
かつおと昆布のだしとポン酢（p.113参照）を2：1の割合で合わせたもの…500ml
板ゼラチン…1枚(15g)

1　板ゼラチンは、冷水に浸けて戻しておく。
2　だしとポン酢を鍋に合わせて温め、水気を切った1のゼラチンを入れて溶かす。溶けたら鍋底を氷水にあてて冷ます。粗熱が取れたら冷蔵庫で冷やし固める。

＊使う前にフォークなどで崩す。

◎のどぐろのあぶり　ポン酢ジュレがけ

材料
ノドグロ、ポン酢ジュレ（上記参照）、みょうが、スプラウト、紫芽、万能ネギ、塩、コショウ　…各適量

1　みょうがは薄い小口切りにし、スプラウト、万能ネギは2〜3cm長さに切る。
2　ノドグロは皮目をさっとあぶり、薄く切って器に並べ塩、コショウをする。
3　2に崩したポン酢ジュレをかけ、1と紫芽を合わせてのせる。

吉岡英尋

梅酒ジュレ

● デザートやカットフルーツのソースに。
● 冷蔵庫で2週間。

梅酒の風味がそのまま生きた、デザート用のジュレ。

材料（作りやすい量）
梅酒…250ml
水…250ml
砂糖…50g
板ゼラチン…1枚(15g)

1 板ゼラチンは、冷水に浸けて戻しておく。
2 梅酒と分量の水を鍋に合わせて温め、水気を切った1のゼラチンと砂糖を入れて溶かす。溶けたら鍋底を氷水にあてて冷ます。粗熱が取れたら冷蔵庫で冷やし固める。

＊使う前にフォークなどで崩す。

◎ 梅酒ブランマンジェ

材料
ブランマンジェ（作りやすい量）
牛乳…400ml
生クリーム…40ml
砂糖…35g
板ゼラチン（冷水に浸けて戻す）
　…適量（好みの固さになるように）
梅酒ジュレ（上記参照）…適量

1 ブランマンジェを作る。鍋に牛乳と生クリームを入れて60℃ほどに温め、砂糖を加えて溶かし、戻したゼラチンを加えて混ぜる。器に入れ、冷蔵庫で冷やし固める。
2 固まった1の上に梅酒ジュレをかける。

吉岡英尋

129　和食　ジュレ

和食に合うマヨネーズ

マヨネーズ（スタンダード）

- いろいろな料理に幅広く使用できる。
- 冷蔵庫で5日ほど。

基本のマヨネーズ。
手作りするとやはりおいしい。

材料（作りやすい量）
太白ゴマ油…400ml
卵黄…2個
卵白…適量
米酢…20ml

ボウルに卵黄を入れてよくときほぐし、酢を加えて混ぜ、太白ゴマ油を少しずつ加えながら、泡立て器で混ぜ合わせていく。固くなってきたら、卵白で調整する（卵白は素地をやわらかくする）。

◎ まるまる太った熱々アスパラガス　マヨネーズをかけて

材料（1人分）
ホワイトアスパラガス…1本
グリーンアスパラガス…1本
ワケギ…1本
塩…適量
マヨネーズ（上記参照）…適量

1　アスパラガスは、固い下の部分の皮を部分的にむき、提供直前に塩ゆでする（2分30秒）。
2　ワケギはゆがいて冷水に取り、水気を絞って適当な長さに切り揃えておく（あまりぬめりは取らない。このぬめりが旨み）。
3　1が熱々のうちに器に盛り、2を添えて、マヨネーズをかける。

江崎新太郎

マヨネーズだれ

● 「卵のもと」は、マヨネーズから酢を除いたもの。生ウニを加えれば、伊勢エビや大正エビなどの甲殻類やイカなどと相性のいいソースに。● 冷蔵庫で3日ほど。

作っておけば、
いろいろな料理に使える
便利なたれ。

材料（作りやすい量）
卵のもと
- 太白ゴマ油…400ml
- 卵黄…2個
- 卵白…適量

薄口醤油…10ml

1 「卵のもと」を作る。ボウルに卵黄を入れてよくときほぐし、太白ゴマ油を少しずつ加えながら、泡立て器で混ぜ合わせていく。固くなってきたら、卵白で調整する（卵白は素地をやわらかくする）。

2 1に薄口醤油を加えて混ぜる。

◎ 三重鳥羽の真鯵とオクラのマヨネーズ焼き

材料（1人分）
アジ…1尾
オクラ…2本
マヨネーズだれ（上記参照）…適量
塩…適量

1 アジは三枚におろし、塩をして両面を焼く。
2 オクラは適度な固さにゆでて小口切りにする。マヨネーズだれをからめて1のアジの上にのせ、天火でおいしそうな焦げ目がつくまで焼く。

江﨑新太郎

だしで作る

美味だし

- お浸し他、さまざまな料理に使える。
- 香りや風味が落ちるので、使うときに作る。

江崎新太郎

日本料理の万能だしのひとつ。
ここでは、わさびの風味を
ほんのりきかせて。

材料(作りやすい量)
かつおと昆布のだし …200ml
薄口醤油 …25ml
みりん …25ml
わさび(すりおろし) … 小さじ1
かつお節 … 適量

1 鍋にだしと薄口醤油、みりんを合わせて火にかけ、かつお節を加えてひと煮立ちさせる(追いがつお)。
2 1を漉して冷ました後、おろしわさびを溶かし入れる。

◎ 菜の花のお浸し
(作り方p.219)

ココナッツハマグリソース

- ハマグリの料理に合わせる。
- 冷蔵庫で2日ほど。

江崎新太郎

ココナッツとハマグリの
風味がよく合って、
おいしいソースに。

材料(作りやすい量)
ココナッツミルク …100ml
ハマグリ …2個
酒 … 適量
薄口醤油 …20ml
みりん …10ml
ハマグリのだし(酒蒸しにした際に出た蒸し汁) …50ml

1 ハマグリは酒蒸しにし、身を殻から取り出す(蒸し汁は取り置く)。
2 1のハマグリの身とココナッツミルクを合わせて、すり鉢でていねいにすり合わせる。
3 2に薄口醤油、みりん、ハマグリのだし(1の蒸し汁)を加えて合わせる。

◎ はまぐりのココナッツソースがけ

材料（1人分）
ハマグリ…1個
オクラ（色よくゆでる）…2本
ココナッツハマグリソース（p.132参照）…適量

1　ハマグリを鍋に入れ、少量の水を加えて蓋をして火にかけ、蒸し煮する（口が開けばよい）。

＊蒸し汁はソースに加える。

2　1を器に盛り、ゆでたオクラを添えて、温めたココナッツハマグリソースをかける。

野菜・果物・植物性食品で作る

夏の緑々ソース

● オーブンやフライパンで焼いた野菜によく合う。クセのある素材や肉類とも相性がよい。

● 緑色が飛んでしまうので、冷蔵庫で2日ほどまで。

江崎新太郎

大葉とみょうがをたっぷり使う、パンチのきいたソース。

材料（作りやすい量）
大葉 … 10枚
みょうが … 3個
濃口醤油 … 30ml
ゴマ油（香りあり） … 30ml
太白ゴマ油 … 30ml
米酢 … 15ml
砂糖 … 大さじ1
水 … 50ml

すべての材料を合わせてミキサーにかけ、ペースト状にする。

◎ 焼きズッキーニ　緑々ソース

材料
ズッキーニ、玉ネギ、オリーブ油 … 各適量
夏の緑々ソース（上記参照） … 適量

1 ズッキーニを天板に並べ、180℃のオーブンで5〜8分焼く。
2 玉ネギは粗みじんに切り、オリーブ油で炒める。
3 1のズッキーニに2を加えてからめ、器に盛り、夏の緑々ソースをかける。

アボカドソース

江﨑新太郎

- 和え物にも。また、バター代わりにパンに塗り、トマトやレタスなどを挟んで野菜サンドになど。
- アボカドの色があせるので、使う直前に作る。

アボカドの濃厚さを生かしたソース。ディップ感覚でバゲットを添えてもいい。

材料（作りやすい量）
アボカド（皮と種を除く）…1個
オリーブ油…50ml
塩…小さじ1/3
薄口醤油…小さじ1
水…50ml（固さ調整）
レモン果汁（絞り汁）…5ml

すべての材料をフードプロセッサーで混ぜ合わせる。

◎ 本まぐろとアボカドのハーモニー

材料（2人分）
アボカド…1個
本マグロ…150g
アボカドソース（上記参照）…適量

1 アボカドの実は、食べやすい大きさの乱切りにする。マグロもアボカドに大きさを揃えてサイコロ状に切る。
2 1をアボカドソースでよく和える。

＊提供する直前に作る。

たけのこソース

江﨑新太郎

- 基本的にたけのこに合わせるソース。
- 冷蔵庫で2日ほど。

たけのこの繊細な味わいをそのまま生かしたソース。

材料（作りやすい量）
たけのこ…200g
かつおと昆布のだし…100ml
薄口醤油…10ml
本みりん（煮切り）…10ml
ゴマペースト（白）…10ml

1 たけのこはゆでておく。
2 1と他のすべての材料を合わせてミキサーにかける。

◎ たけのこ！たけのこ！

材料（1人分）
たけのこ（下ゆでし、食べやすく切り分けたもの）…5〜6切れ
A ┌ かつおと昆布のだし…400ml
　├ 薄口醤油…20ml
　└ 塩…小さじ1
たけのこソース（上記参照）…適量

たけのこを、Aを合わせた地で温めて器に盛り、温めたたけのこソースをかける。

135 和食　野菜・果物・植物性食品で作る

カリフラワーソース

- 魚介や野菜に合う。
- 冷蔵庫で2〜3日ほど。

江崎新太郎

カリフラワーのやさしい味と色を生かしたソース。

材料（作りやすい量）
カリフラワー…1/2株
かつおと昆布のだし…100ml
塩…小さじ1/2

1 カリフラワーは小房に分け、やわらかめにゆでる。
2 ミキサーに1とだし、塩を合わせて撹拌する。

清見オレンジとミントのソース

- 緑の野菜を主体にしたサラダに合わせるドレッシングに。白身魚のグリルに添えるさっぱりとしたソースになど。
- 冷蔵庫で4〜5日。

江崎新太郎

柑橘とミントの風味が爽やか。ドレッシングとしても、ソースとしても使える。

材料（作りやすい量）
清見オレンジの果汁（絞り汁*）
　…50ml
太白ゴマ油…50ml
白ワインビネガー…10ml
メープルシロップ…10ml
ミント（フレッシュ。みじん切り）…適量

*他の品種のみかんでもよい。

1 清見オレンジの果汁をボウルに入れ、太白ゴマ油を少しずつ加えながら、泡立て器で混ぜ合わせる。
2 1に白ワインビネガーとメープルシロップを加えて混ぜ合わせ、ミントを加える。

◎ 春が来た!

材料(2人分)
トマト(くし形切り)…2切れ
スナップエンドウ(ゆでる)…1個
菜の花(ゆでる)…2本
みょうが(甘酢漬け)…1/2個
ぜんまい…2本
たらの芽…1本
ふきのとう…1個
ホタルイカ(ゆでたもの)…2ハイ
文旦の果肉…適量
活車エビ…2尾
すし飯…適量
揚げ油(サラダ油)、塩…各適量
カリフラワーソース(p.136参照)…適量
清見オレンジとミントのソース(p.136参照)…適量

1 ぜんまい、たらの芽、ふきのとうは薄衣(分量外)をつけて揚げる。
2 エビは縦に串を打って塩ゆでし、氷水にとって冷ました後串を抜き、尾を残して殻をむき、みそを残して腹から開く。背ワタを取って水洗いし、水気を取る。すし飯にのせてにぎる。
3 1、2、その他の材料を皿に盛り合わせ、2種類のソースを散らして添える。

いちごのドレッシング

- タコや貝類、葉物やトマトなどのサラダによく合う。
- 冷蔵庫で3日ほど。

ピンクの色味が美しいドレッシング。

材料（作りやすい量）
イチゴ…200g（1パック）
米酢…10ml
レモン果汁（絞り汁）…5ml
太白ゴマ油…50ml
メープルシロップ…5〜10ml
（イチゴの糖度により調整）

イチゴはヘタを取り、他のすべての材料とともにミキサーにかける。

◎ いちごとれんこんのマリネ
　いちごのソースをかけて

材料（2人分）
イチゴ…3個
レンコン（皮をむいて半月切り）…3枚
A ┌ 太白ゴマ油…大さじ4
　│ 白ワインビネガー（米酢でも可）…大さじ2
　└ 塩…小さじ1/3
ミント（みじん切り）…少量
いちごのドレッシング（上記参照）…適量

1 イチゴはヘタを取り、縦5mm厚さほどに切る。
2 レンコンは下ゆでし、Aを合わせたマリネ液でマリネする。
3 2のレンコンをミントで和え、1のイチゴとともに盛り合わせ、いちごのドレッシングをかける。

＊緑色が飛ぶので、ミントはマリネ液に漬け込まない。

江﨑新太郎

文旦(ぶんたん)ドレッシング

● 散らし寿司などに。
● 冷蔵庫で4〜5日。

さっぱりとした文旦の風味を生かした、爽やかなドレッシング。

材料(作りやすい量)
文旦果汁(絞り汁)…50ml
太白ゴマ油…50ml
米酢…10ml
メープルシロップ…5ml

1 文旦果汁をボウルに入れ、太白ゴマ油を少しずつ加えながら、泡立て器で混ぜ合わせる。
2 1に米酢とメープルシロップを加えて混ぜる。

◎豆、豆たちを文旦ドレッシングで

材料(1人分)
ソラ豆…4個
スナップインゲン(2等分に切る)…2本分
キヌサヤ(3等分に切る)…3枚分
グリーンピース…6粒
酢飯…適量
文旦ドレッシング(上記参照)…適量

1 塩を少量(分量外)加えた沸騰湯でそれぞれの豆をゆで、冷水にとる。
2 1の水気を切り、酢飯と合わせて文旦ドレッシングで和える。

＊この料理の主役は豆たち。ご飯より豆を多く盛り付ける。豆と酢飯のバランスが決め手。
＊豆のゆで具合(固さのバランス)が大事。

江﨑新太郎

和食　野菜・果物・植物性食品で作る

豆乳ソース

- 鍋物の地として使用。スープにもなる。
- 冷蔵庫で2日ほど。

人気の豆乳に、ゴマペーストや塩麹で旨みを加えた飲めるソース。いろいろな使い方ができる。

材料(作りやすい量)
豆乳 … 2ℓ
ゴマ油(香りあり) … 50ml
ゴマペースト(白) … 100ml
薄口醤油 … 50ml
塩麹 … 大さじ1
麦味噌(米味噌でも可) … 大さじ1
かつおと昆布のだし … 適量

すべての材料を鍋に合わせ、弱火にかけて徐々に火を入れていく。

＊だしで濃度を調整する。

◎ 温野菜を豆乳ソースで香りを瞬間閉じ込めて

材料(1人分)
ブロッコリー … 1房
ニンジン、カボチャ、リーキ、ヨモギ麩 … 各1切れ
揚げ油(サラダ油)、美味だし(p.132参照。わさびを加えていないもの) … 各適量
豆乳ソース(上記参照) … 70〜90ml

1 ブロッコリーは素揚げし、ニンジン、カボチャ、リーキ、ヨモギ麩はそれぞれ美味だしで炊いて味を含ませておく。
2 耐熱調理フィルムを敷いた皿に1を盛り、温めた豆乳ソースをかけて茶巾のように包んで提供する。

＊包み込んだものを、蒸し器で10分蒸して温めて提供してもよい。
＊包みを開いた瞬間に素材が現れ、湯気と香りがフワッと広がる。保温とサプライズを兼ねた楽しい演出。

江﨑新太郎

141 | 和食　野菜・果物・植物性食品で作る

香味ドレッシング

- サラダのドレッシングに（ハーブ野菜にもよく合う）。マリネの浸け地にも使える。
- 冷蔵庫で4〜5日。

和のハーブを
たっぷり加えたドレッシング。

材料（作りやすい量）

A
- E.V.オリーブ油 … 50ml
- 塩 … 小さじ1/3
- レモン果汁 … 50ml
- メープルシロップ … 10ml
- 薄口醤油 … 5ml

香草
- みょうが（薄切り）、香菜（パクチー）、大葉（細切り）、セロリ（薄切り）、長ネギ（白い部分。薄切り）… 各適量

Aをすべて混ぜ合わせ、使用する30分前に香草類を加えて漬け込む（大葉と香菜は、緑色があせてしまうので、直前に加える）。

◎ いろいろ野菜たち
　　香味ドレッシングで

材料
根三つ葉、みょうが（薄切り）、チコリ、レタス、セルフィーユ、春菊、セルバチコ … 各適量
香味ドレッシング（上記参照）… 適量

野菜を適当な大きさに、手でやさしくちぎり、器にふわっと盛り付ける。提供時に香味ドレッシングをかける（または添えて提供する）。

江崎新太郎

ジンジャードレッシング

● サラダのドレッシングはもちろん、鶏肉の揚げ物などにもよく合う。
● 冷蔵庫で4〜5日。

生姜の風味が爽やかな、さっぱりとしたドレッシング。

材料(作りやすい量)
生姜(すりおろし)…50ml
米酢…10ml
太白ゴマ油…40ml
砂糖…大さじ1/2

すべての材料をよく混ぜ合わせる。

◎ 夏野菜のジンジャー和え

材料(1人分)
セロリ(乱切り)…3切れ
キュウリ(乱切り)…3切れ
トマト(くし形切り)…3切れ
ジンジャードレッシング(上記参照)…適量

1 セロリはさっと湯通しし、冷水にとって冷やし、水気を取る。
2 1とキュウリ、トマトをジンジャードレッシングで和える。

江﨑新太郎

黒オリーブソース

● 魚にも肉にも合う。肉なら羊のグリルや豚肉のソテーなどのソースに。● 冷蔵庫で3〜4日ほど。

旨みのある黒オリーブを使った、和食にも合うソース。

材料(作りやすい量)
黒オリーブ(種なし)…20個
太白ゴマ油…30ml
酒(煮切ったもの)…50ml
かつおと昆布のだし…50ml
薄口醤油…10ml
レモン果汁…10ml
黒すりゴマ…適量

すべての材料を合わせてミキサーにかけ、ペースト状にする。

◎ 長崎の鰆の酒蒸し 黒オリーブソースで

材料(1人分)
鰆(切り身)…1切れ(100g)
インゲン(薄い天ぷら衣をつけて揚げる)…2本
黒オリーブソース(上記参照)…適量
白煎りゴマ…適量
昆布、酒…各適量

1 バットに昆布を敷き、鰆を置いて酒をふる。ラップフィルムをかけて、蒸気の立った蒸し器に入れ、強火で10分蒸す。
2 1の鰆を器に盛り、黒オリーブソースをかけ、半ずりした白ゴマを散らし、インゲンの天ぷらを添える。

江崎新太郎

珍味で作る

あわびの肝トマトだれ

- サザエなど他の貝類にも合うが、基本的にはアワビの料理に使用する。
- 使用するときに作る。

アワビの肝に、トマトや卵黄の旨みを加えた濃厚なソース

材料（作りやすい量）
アワビの肝＊…4個分
フルーツトマト（糖度の高いもの）…小1/4個分
卵のもと（p.131「マヨネーズだれ」作り方1参照）…大さじ6

＊アワビの身は料理に使用する。

1　アワビの肝を1分ほど下ゆでする（臭みをとるため）。
2　1の肝とトマトをフードプロセッサーにかけた後、更に卵のもとを加えてのばしていく。

◎ 蝦夷あわびを焼いて肝ソースで

材料（4人分）
アワビ…4個
キュウリ（食べやすく切る）…1本分
あわびの肝トマトだれ（上記参照）…適量
オリーブ油…少量

1　アワビは殻からはずし、身と肝の部分に分ける（肝は上記のたれに使用する）。
2　1のアワビの身を食べやすい厚さのそぎ切りにし、オリーブ油を少量ひいたフライパンでさっと炒める。
3　2のアワビとキュウリを器に盛り、あわびの肝トマトだれをかける。

＊アワビを炒めると、最初は固く締まっているが、火を入れていくうちにやわらかくなる。その瞬間をとらえるのがおいしく炒めるポイント。

江崎新太郎

うにソース

● 魚介類全般に合う。　● 使うときに作る。

濃厚な味わいが、海の素材を包み込む。

材料（作りやすい量）
生ウニ … 150g
卵黄 … 2個
塩 … 適量
薄口醤油 … 大さじ1

ウニを裏漉し、他の材料を加えてよく混ぜ合わせる。

◎ 帆立貝のうにソース和え

材料（1人分）
ホタテ貝柱 … 2個
うにソース（上記参照）… 適量
生ウニ … 2粒
木の芽 … 適量

1　ホタテ貝柱はそれぞれ4等分に切り、さっと湯通しして氷水にとる。
2　1の水気をふき取り、うにソースと和えて器に盛る。生ウニをのせ、ちぎった木の芽を散らす。

江崎新太郎

中華・韓国・ベトナム・タイ料理

菰田欣也（ファイヤーホール4000）
金順子（どんどんじゅ）
鈴木珠美（キッチン）

中華の炒め物ソース

蠔油ソース（ハオユー）

- 肉類、魚介類などさまざまな食材と相性がよい。
- 作り置きはできない。使用するときに作る。

オイスターソースベースの炒め物用ソース。

材料（作りやすい量）
上白糖… 大さじ2
酒… 大さじ2
酒醸（チューニャン）（米から作る中国の発酵調味料）
　… 小さじ2
オイスターソース… 大さじ1
醤油… 大さじ1
コショウ… 少量
鶏ガラスープ… 大さじ2
片栗粉… 小さじ2/3

すべての材料をよく混ぜ合わせる。

◎ 青梗菜、たけのこ、しいたけの
　オイスターソース炒め

材料（2人分）
青梗菜… 2株
たけのこ（水煮）
　… 1個（約60g）
干しシイタケ（水に浸けて戻す）… 1枚
長ネギ… 1/3本
生姜… 1カケ
蠔油ソース（上記参照）
　… 大さじ2
揚げ油（サラダ油）
　… 適量

1　青梗菜、たけのこ、戻した干しシイタケはそれぞれ一口大の薄切りにする。長ネギと生姜は薄めの小口切りにする。
2　1の青梗菜、たけのこ、シイタケは熱した油に通して火を入れ（油通し）、油を切る。
3　油をあけた2の鍋に1のネギと生姜を入れ、弱火で香りを出すように炒める。2の材料を戻し入れ、蠔油ソースを加えて強火にし、炒めて味つける。

菰田欣也

青椒肉絲ソース
（チンジャオロウスー）

● チンジャオロウスーのためのソース。
● 使うときに作る。

牛肉の味つけによく合う、おなじみのソース。

材料（2人分）
上白糖… 小さじ1
酒醸（チューニャン）（米から作る中国の発酵調味料）
　… 小さじ1
酒… 大さじ1½
醤油… 大さじ1
オイスターソース… 小さじ1
鶏ガラスープ… 大さじ2
コショウ… 少量
片栗粉… 小さじ1/2

すべての材料をよく混ぜ合わせる。

◎ 青椒牛肉絲（チンジャオニュウロウスー）

材料（2人分）
牛モモ肉… 80g
ピーマン
　… 120g（正味）
長ネギ（みじん切り）
　… 大さじ1

A ┌ 塩、コショウ… 各少量
　│ 酒… 大さじ1
　│ 醤油… 小さじ1/3
　│ 卵（溶き卵）… 大さじ1½
　└ 片栗粉… 大さじ1

青椒肉絲ソース
　（上記参照）… 大さじ2
サラダ油… 適量

1 牛肉、ピーマンはそれぞれ細切りにし、牛肉はAで下味をつけておく。
2 鍋にサラダ油を熱して1のピーマン、牛肉を油通しし、油を切る。
3 2の油をあけた鍋にネギを入れて弱火で軽く炒め、手早く2の材料を戻し入れ、青椒肉絲ソースを加えて味つける。

菰田欣也

豆豉(トウチ)ソース

●炒め物に使う。作る量を増やし、加熱した材料にかけるソースとして使ってもよい。●作り置きはできない。使用するときに作る。

大豆を発酵させて作る調味料、豆豉のソース。唐辛子との相性もよいので、辛い味付けにもなじむ。

材料(2人分)
上白糖…大さじ1½
酒醸(チューニャン)(米から作る中国の発酵調味料)
　…大さじ1
酒…大さじ2
酢…小さじ2
醤油…大さじ1
鶏ガラスープ…大さじ2
豆豉(トウチ)…小さじ1
片栗粉…小さじ2/3

すべての材料をよく混ぜ合わせる。

◎ えびとアスパラの豆豉炒め

材料(2人分)
むきエビ…中6尾
グリーンアスパラガス…2本
長ネギ(細め)…1/3本
生姜…1カケ
A ┌ 塩…少量
　│ コショウ…少量
　│ 酒…小さじ1/2
　│ 卵白…大さじ1½
　└ 片栗粉…大さじ2/3
豆豉ソース(上記参照)…大さじ2½
揚げ油(サラダ油)…適量

1 アスパラガスは4cm長さほどの斜め切りにし、長ネギは小口切り、生姜は薄めの小口切りにする。
2 むきエビは少量の塩と片栗粉(各分量外)を加えてもみ、水洗いして汚れを落とし、クッキングペーパーなどでしっかり水気を取り、Aで下味をつけておく。
3 1のアスパラと2のエビは、熱した油にさっと通して油を切る(油通し)。
4 油をあけた3の鍋に1の長ネギと生姜を入れて弱火で炒め、香りを出す。3のアスパラとエビを戻し入れ、豆豉ソースを加えて味つける。

菰田欣也

中華 の炒め物ソース

奶油ソース
（ナイユー）

- 魚介系の炒め物に。
- 使用するときに作る。

ミルク炒めのソース。

材料（作りやすい量）
鶏ガラスープ…200ml
日本酒…大さじ1
みりん…大さじ1
上白糖…小さじ1
塩…小さじ1/3
コショウ…少量
エバミルク…50ml

鶏ガラスープを沸かし、熱いうちにその他の材料を加えて溶かす。

◎ 帆立のミルク炒め

材料（2人分）
ホタテ貝柱（Mサイズ）…4個
エリンギ…1本
ブロッコリー…30g
奶油ソース（上記参照）…180ml
A ┌水…小さじ1
　└片栗粉…小さじ1
コーンスターチ…適量
揚げ油（サラダ油）…適量

1 ホタテ貝柱は肝やヒモを除き、縦半分に切ってコーンスターチをまぶす。
2 エリンギとブロッコリーは一口大に切る。
3 Aを合わせて水溶き片栗粉を作る。
4 1と2の材料を油通しし、火を通す。
5 油をあけた4の鍋に、奶油ソースを入れて沸かし、4の材料を戻し入れ、3の水溶き片栗粉でとろみをつける。

菰田欣也

藻塩ソース

● 炒め物に使う。 ● 冷蔵庫で2日。

鶏ガラスープに藻塩の塩味と旨みを加えて作る、炒め物用ソース。

材料(作りやすい量)
藻塩(フランス産オザルク塩)…4g
酒…20g
上白糖…2g
コショウ…少量
鶏ガラスープ…200ml
片栗粉…小さじ1

すべての材料をよく混ぜ合わせる。

◎ セミドライ野菜とター菜の藻塩炒め

材料(2人分)
セミドライ野菜＊…100g
ター菜…1/2株
藻塩ソース(上記参照)…大さじ2
揚げ油(サラダ油)…適量

＊セミドライ野菜：根菜(紅芯大根、山イモ、黒ニンジン、黄ニンジン、姫ニンジンなど)を薄切りにして、丸1日ほど風干しし、旨みを凝縮したもの。

1 ター菜は、一口大に切る。
2 1とセミドライ野菜を熱した油に手早く通し(油通し)、しっかり油を切る。
3 油をあけた2の鍋に、2の材料を戻し入れ、藻塩ソースを加えて強火で炒め合わせる。

菰田欣也

馬垃醤
マーラージャン

- 魚介と相性がよい。加熱しながらからめても。
- 冷蔵庫で2日。

ピリ辛なマヨネーズソース。

材料(作りやすい量)
マヨネーズ…60g
エバミルク…大さじ3
一味唐辛子…小さじ1
醤油…小さじ1
酢…小さじ1
上白糖…小さじ2
卵黄…1個
塩…少量(マヨネーズの塩分による)

すべての材料をよく混ぜ合わせる。

◎ えびのスパイシーマヨネーズ炒め (作り方p.219)

菰田欣也

紅麹ソース

- 魚介によく合う。
- 作り置きはできない。使用するときに作る。

鮮やかな赤い色が特徴。
加熱しすぎると
変色するので注意する。

材料(1人分)
- A
  - 紅麹… 小さじ1
  - シーズニングソース … 小さじ1/2
  - 砂糖… 小さじ1/2
  - 紹興酒… 少量
  - 鶏ガラスープ… 大さじ2
  - 水溶き片栗粉… 適量
- B
  - エシャロット(みじん切り) … 1/2個分
  - 黄ピーマン(みじん切り) … 1/2個分
  - 生姜(みじん切り)… 少量
- サラダ油… 適量

1 鍋にサラダ油をひいて火にかけ、Bを入れて炒める。
2 軽く炒まったらAを加えて味を調える。

◎ 帆立とえびの紅麹ソース炒め

材料(1人分)
ホタテ貝柱…1個
エビ…1尾
スナップエンドウ(食べやすく切ってゆでる)…1本
ヤングコーン(食べやすく切ってゆでる)…1本
紅麹ソース(上記参照)… 上記の量

1 ホタテ貝柱は厚みを半分に切る。エビは殻をむき、背に切り目を入れる(背ワタは取る)。
2 鍋に紅麹ソースを入れて熱し、1のホタテとエビ、スナップエンドウ、ヤングコーンを入れて炒める。器に盛る(ホタテの殻があれば利用するとよい)。

菰田欣也

翡翠（ヒスイ）ソース

- 炒め物、前菜のソース、和え物になど。温、冷問わず幅広く使える。
- 冷蔵庫で2日。

万能ネギを使った美しい緑色のソース。

材料（作りやすい量）
万能ネギ（青い部分のみ）…50g
生姜…15g
オリーブ油…100ml
四川山椒（粉）…ひとつまみ
国産山椒（粉）…ひとつまみ
塩…少量
上白糖…小さじ1/5
日本酒…小さじ1
コショウ…少量

1　万能ネギと生姜は細かく切り、オリーブ油を加えてミキサーにかけ、ペースト状にする。
2　1にその他の材料をすべて加えて混ぜ合わせる。

◎ あわびの翡翠ソース炒め

材料（2人分）
アワビ…1個
たけのこ…1/2個（30g）
コーンスターチ…適量
翡翠ソース（上記参照）…大さじ2
サラダ油…適量

1　アワビは殻からはずして肝などを除き、蛇腹に包丁目を入れた後2、3等分に切り分ける。たけのこは一口大のくし形切りにする。
2　1のアワビにコーンスターチをまぶし、1のたけのこともに、熱したサラダ油に入れて油通しし、油を切る。
3　油をあけた2の鍋に翡翠ソースを入れて火にかけ、手早く2の材料を戻し入れてソースをよくからめる。器に盛る（アワビの殻を利用して盛り付けてもよい）。

菰田欣也

糖醋ソース (タンツー)

- 酢豚用のソース。白身魚のフリッターなどにも合う。
- 使用するときに作る。

大人も子供も
食べやすい甘酢ソース。

材料（作りやすい量）
上白糖…大さじ2
酢…大さじ2
醤油…小さじ1/3
ケチャップ…大さじ2
レモン果汁…大さじ1
塩…少量
水…大さじ2
片栗粉…小さじ1/2

すべての材料をよく混ぜ合わせる。

◎定番！ケチャップ味の酢豚 (作り方p.220)

菰田欣也

中華の炒め物ソース

チリソース

- 食材を問わず、炒め物に。
- 使用するときに作る。

ケチャップの風味に豆板醤の辛みがきいた、エビチリでおなじみの炒め物ソース。

材料(作りやすい量)

A
- 生姜(すりおろし)…小さじ1
- ニンニク(すりおろし)…小さじ1/3
- 豆板醤…大さじ1½
- ケチャップ…大さじ3
- サラダ油…大さじ1/2

B
- 鶏ガラスープ…300ml
- 酒…大さじ1
- 塩、コショウ…各少量
- 上白糖…小さじ2
- 酢…小さじ1/3

フライパンにAを入れて弱火でしっかり炒め、Bを加えて味を調える。

◎ 鶏モモ肉のチリソース

エビの代わりに鶏肉を使ったトリチリ(作り方p.220)。

菰田欣也

咖哩醤ソース（カレーソース）

●炒め物に。　●冷蔵庫で2日。

カレー炒めのベース。
使用時に、
合わせ調味料などで
のばして使う。

材料（作りやすい量）
玉ネギ…80g
ニンニク（すりおろし）…小さじ1
生姜（すりおろし）…小さじ2
カレー粉…大さじ3
ケチャップ…大さじ2
一味唐辛子…小さじ1
サラダ油…100ml

1　玉ネギをみじん切りにする。
2　フライパンにサラダ油を1/3量入れて、1の玉ネギを弱火でゆっくり炒める。
3　2の玉ネギが透き通ってきたら、残りの材料を加えて炒めながら混ぜ合わせる。

◎ 牛肉の咖哩醤炒め
牛肉にジャガイモとピーマンを合わせた、カレー味の
炒め物（作り方p.220）。

菰田欣也

159　中華の炒め物ソース

回鍋肉ソース
ホイコウロウ

● 回鍋肉のためのソース。回鍋肉の材料を細かく切って作るチャーハンの味付けにも使う。● 使用するときに作る。

旨みと辛みと甘みの
バランスのいい、
炒め物ソース。

材料(2人分)
ニンニク(すりおろし)
　…小さじ1/2
豆豉(トウチ)…小さじ1
郫県豆板醤(ピーシェントウバンジャン)…小さじ2
甜麺醤(テンメンジャン)…小さじ2
酒…大さじ2
醤油…小さじ1
甘醤油(九州の刺身醤油)
　…小さじ1
みりん…大さじ1

すべての材料をよく混ぜ合わせる。

＊調理に使うときに、しっかり炒める。

◎回鍋肉

材料(2人分)
豚バラ肉(塊)…120g
葉ニンニク…1本
絹漉し豆腐…1/2丁(150g)
揚げ油(サラダ油)…適量
回鍋肉ソース(上記参照)…大さじ2

1 豚バラ肉は塊のままゆでて火を通しておく。
2 1の肉が冷えて切りやすくなったら2mm厚さにスライスする。葉ニンニクは一口大のそぎ切りにし、豆腐は4cm角、7mm厚さに切り、水気を切っておく。
3 揚げ油を高温に熱し、2の豆腐を揚げて厚揚げを作る。
4 油をなじませた鍋に2の豚肉を広げるようにして並べ、両面を煎り焼く。2の葉ニンニクと3の厚揚げも入れ、回鍋肉ソースを加えて味つける。

菰田欣也

161 | 中華の炒め物ソース

中華の和える・添える・かけるソース

麻辣ソース(マーラー)

- 肉類と相性がよい。
- 保存はできない。作った当日に使い切る。

四川山椒のしびれ「麻」と、唐辛子(ラー油)の辛み「辣」が特徴のソース。

材料(2人分)
上白糖…大さじ1½
酢…大さじ2
醤油…大さじ1⅓
ラー油の粉(ラー油の沈殿物)…大さじ1
コショウ…少量
花椒粉(ホワジャオフェン)(四川山椒の粉末)…少量

すべての材料をよく混ぜ合わせる。

◎鶏肝(ハツ、砂肝、レバー)の麻辣和え

材料(2人分)
鶏心臓(ハツ)…40g
鶏砂肝…60g
鶏レバー…120g
キヌサヤ…10枚
ニンジン(皮をむく)…1/4本
キクラゲ(戻したもの)…35g
セロリ…1本
麻辣ソース(上記参照)…大さじ3

1 キヌサヤ以外の材料は、すべて一口大の薄切りにする。キヌサヤは筋を取る。
2 沸騰湯に材料を野菜から順に入れ、ゆでて火を通しザルなどに取り出す。
3 2の材料をボウルに合わせて麻辣ソースで和え、味をからませる。

菰田欣也

XOソース

アワビなどの貝類によく合う。
冷蔵庫で3日。

魚介系の旨みが凝縮した、冷製ソース。

材料(2人分)
- A
  - XO醤…小さじ2
  - 醤油…大さじ2
  - 砂糖…大さじ2
  - ケチャップ…大さじ2
  - オイスターソース…小さじ1
  - 酢…大さじ1
  - ゴマ油…少量
- 生姜(みじん切り)…小さじ1/2
- サラダ油…適量

1 鍋にサラダ油をひき、生姜を入れて炒める。
2 1にAを入れ、軽くとろみがつくまで煮て、冷ましておく。

◎ あわびの冷製　XOソース

材料(1人分)
アワビ…1個
海藻ミックス…適量
XOソース(上記参照)…上記の量
塩…適量

1 アワビは殻のまま水から入れてゆでる。沸いたら弱火にし、30秒経ったら塩水に浸けて冷ましておく。
2 1が冷めたら身を斜め半分に切る。
3 2と海藻を器に盛り(アワビの殻を利用してもよい)、アワビにXOソースをかける。

菰田欣也

163 | 中華の和える・添える・かけるソース

沙茶醤ソース
（サーチャージャン）

- 冷やした豆腐によく合う。
- 冷蔵庫で3日。

沙茶醤やオイスターソースの、魚介系の深い旨みをもつソース。

材料(3人分)
オイスターソース … 大さじ3
沙茶醤(サーチャージャン) … 大さじ2
醤油 … 小さじ2
酢 … 小さじ2
生姜(みじん切り) … 小さじ2
ゴマ油 … 小さじ1
豆板醤(トウバンジャン) … 小さじ1

すべての材料を混ぜ合わせる。

◎ 豆腐の沙茶醤ソース

材料(3人分)
絹漉し豆腐 … 1丁
A ┌ 紅芯大根 … 30g
  │ キュウリ … 30g
  │ ザーサイ … 30g
  └ 黄ニンジン … 30g
B ┌ 細ネギ(せん切り) … 1本分
  │ 香菜(葉をちぎる) … 少量
  └ 糸切り赤唐辛子 … 少量
カシューナッツ … 少量
沙茶醤ソース(上記参照) … 上記の量

1 Aはすべて5mm角に切る。
2 豆腐を5mm厚さに切り、器に並べて盛り付ける。
3 2の豆腐のまわりに1とカシューナッツを盛る。
4 豆腐に沙茶醤ソースをかけ、中央にBをのせる。

＊食べるときに全体を混ぜ合わせる。

菰田欣也

スパイシーソース

● 野菜にも、肉にもよく合う。　● 冷蔵庫で3日。

ニンニクや生姜、カレー粉などで風味を加えた、ケチャップベースのソース。

材料(1人分)
- A
  - ケチャップ … 大さじ6
  - ウスターソース … 大さじ1
  - カレー粉 … 少量
  - 鶏ガラスープ … 大さじ6
  - 塩 … 少量
  - 砂糖 … 小さじ2
- B
  - ニンニク(みじん切り) … 少量
  - 生姜(みじん切り) … 少量
- サラダ油 … 適量

1　鍋にサラダ油をひき、Bを入れて軽く炒める。
2　1にAを入れ、ひと煮立ちさせる。

◎焼き野菜　スパイシーソースがけ

材料(1人分)
- A
  - (シシトウ以外は一口大に切ったもの)
  - シシトウ … 1本
  - トウモロコシ … 2切れ
  - ズッキーニ(緑) … 2切れ
  - ズッキーニ(黄) … 2切れ
  - カボチャ … 2切れ
  - エリンギ … 1/2本
  - 玉ネギ … 20g
  - キャベツ … 20g
  - グリーンアスパラガス … 2本
- ソラ豆 … 1サヤ
- ラディッシュ … 1個
- サラダ油 … 適量
- スパイシーソース(上記参照) … 適量

1　Aはサラダ油を少量ひいた鍋(フライパン)で焼く。ソラ豆はサヤごと焼いてサヤと皮をむく。
2　器に1の野菜を並べ、ラディッシュ(写真は飾り切りしたもの)を添え、温めたスパイシーソースをかける。

菰田欣也

中華 の和える・添える・かけるソース

紅油ソース
(ホンユー)

- 豚肉や牛肉など、肉料理に特によく合う。
- 冷蔵庫で5日。

ラー油の底に沈んだ沈殿物で、辛みと旨みを加えたソース。

材料(作りやすい量)
甘醤油(九州の刺身醤油)
　…大さじ3
ニンニク(すりおろし)
　…小さじ1/2
酢…小さじ1
みりん…大さじ1
上白糖…小さじ1
ラー油の粉(ラー油の沈殿物)
　…大さじ1/2

すべての材料をよく混ぜ合わせる。

◎ 豚バラスライスの"雲白肉"

材料(2人分)
豚バラ肉(薄切り)…200g
キュウリ…1本
A ┌ 塩、コショウ…各少量
　└ 日本酒…大さじ2
紅油ソース(上記参照)…大さじ3

1　キュウリは半分の長さに切り、縦に極薄切りにし(スライサーを使ってもよい)、水にさらして食感をよくし、ザルにあけて水気を切る。
2　豚肉にAで下味をつけて沸騰湯でゆで、火が通ったら水気を切り、温かいうちに器に盛る。1のキュウリを添え、全体に紅油ソースをかける。

菰田欣也

連鍋湯ソース（リングオタン）

● シンプルな鍋料理に添え、具をつけたりスープに少しずつ加えるなどして味の変化を楽しむ。● 冷蔵庫で5日。

四川省の伝統的な
スープの添えだれ。

材料（作りやすい量）
上白糖…小さじ1
酢…大さじ2
醤油…小さじ2
豆板醤（トウバンジャン）…小さじ1/3
ゴマ油…小さじ1/2

すべての材料をよく混ぜ合わせる。

◎豚肉と根菜のスープ　旨辛のソースを添えて

材料（2人分）
豚肩ロース肉…120g
大根…100g
ニンジン…40g
A ┌ 鶏ガラスープ…900ml
　├ 塩…2つまみ
　├ 酒…大さじ1
　├ コショウ…少量
　└ 四川山椒（中国山椒）
　　　…1g（15粒）
連鍋湯ソース（上記参照）
　…大さじ3

1　豚肉、大根、ニンジンはすべて4cm長さの拍子木切りにする。
2　鍋にAを入れて沸かし、1の材料を入れ、スープの量が2/3（約600ml）くらいになり、野菜がやわらかくなるまで弱火で煮込む。
3　2を器に盛り、連鍋湯ソースを別皿に入れて添える。

＊ソースに具をつけたり、好みの量加えながら食べる。

菰田欣也

黒胡椒ソース

- 牛ステーキによく合う。炒め物にも使える。
- 作り置きはできない。使用するときに作る。

黒コショウがピリッときいた、ステーキソース。

材料(1人分)
A ┌ 黒コショウ … 小さじ1/2
　├ 醤油 … 小さじ1
　├ オイスターソース … 小さじ2
　├ 塩 … 少量
　├ 砂糖 … 小さじ1
　├ 鶏ガラスープ … 大さじ4
　└ 中国たまり醤油 … 小さじ1/2

水溶き片栗粉 … 適量
鶏油(チーユー) … 少量

B ┌ エシャロット(みじん切り) … 小さじ1
　├ ピーマン(みじん切り) … 1/5個分
　├ 赤ピーマン(みじん切り) … 1/5個分
　├ ニンニク(みじん切り) … 少量
　├ 生姜(みじん切り) … 少量
　└ 豆豉(トウチ) … 小さじ1

サラダ油 … 適量

1　鍋にサラダ油をひき、Bを入れて炒める。
2　軽く炒まったら、Aを加えて味を調える。
3　水溶き片栗粉でとろみをつけ、最後に鶏油を入れる。

◎ 牛ステーキ　黒胡椒ソース

材料(1人分)
牛肉(ステーキ用) … 1枚
ブロッコリー(ゆでる) … 4房
プチトマト(赤・黄) … 各1個
黒胡椒ソース(上記参照) … 上記の量
サラダ油、塩 … 各適量

1　牛肉に塩で下味をつけ、サラダ油を少量ひいたフライパンで両面を焼く。
2　一口大に切り分けて器に盛り、ゆでたブロッコリー、プチトマトを添え、温めた黒胡椒ソースを牛肉にかける。

菰田欣也

旨辛胡麻ソース

● 水餃子と相性がいい。 ● 冷蔵庫で2日。

芝麻醤のゴマのコク、
ラー油の辛みや旨みのきいた、
四川飯店の伝統あるソース。

材料(作りやすい量)
ニンニク(すりおろし)
　…小さじ1/4
甘醤油(九州の刺身醤油)
　…大さじ1
酢…小さじ1/3
芝麻醤(チーマージャン)(ゴマペースト)
　…大さじ1½
ラー油…大さじ1

すべての材料をよく混ぜ合わせる。

◎ 旨辛ソースの水餃子
ゆでたての水餃子に、ソースをたっぷりかけて(作り方p.220)。

菰田欣也

蒸し魚ソース

- 魚介系の蒸し物と相性がよい。
- 使用するときに作る。

甘みと旨みのある醤油だれ。

材料（作りやすい量）
上白糖…大さじ2
紹興酒…大さじ3
醤油…大さじ1
オイスターソース…大さじ1
甘醤油（九州の刺身醤油）
　…大さじ1

すべての材料をよく混ぜ合わせる。

◎ 魚の蒸し物　特製醤油ソースがけ
シンプルな蒸し魚にソースをかけるだけ。煮魚より簡単で素材の味が生きる（作り方p.220）。

菰田欣也

紹興酒ソース

● 肉類とも魚介類とも相性がよい。魚介類は生のまま漬け（づけ）にしてもおいしくなる。　● 冷蔵庫で2日。

さまざまな素材を紹興酒漬けにできる漬けだれ。

材料（作りやすい量）
紹興酒…200ml
醤油…200ml
上白糖…80g
みりん…200g

すべての材料をよく混ぜ合わせる。

◎ 牛サーロインの紹興酒マリネ

材料（2人分）
牛しゃぶしゃぶ用肉（サーロイン）…150g
水菜…50g
万能ネギ…3本
紹興酒ソース（上記参照）…70ml

1　牛肉は大きいものであれば10cm幅に切っておく。水菜と万能ネギは、4cm長さに切って水洗いしておく。
2　沸騰湯で1の牛肉をゆでて水気を切り、温かいうちに紹興酒ソースをからめる。
3　器に水菜と万能ネギのサラダを敷いて、上に2の牛肉を盛り付ける。

菰田欣也

怪味ソース
（グァイウェイ）

オードヴルのソースとしてだけでなく、水餃子などとも相性がよい。多様に使える。当店ではゆで鶏にかけて「よだれ鶏」という料理で提供している。

●冷蔵庫で5日。

菰田欣也

多数の調味料を合わせて複雑な味わいのソースにしたものを「怪味」という。

材料（作りやすい量）
- A
  - 郫県豆板醤（ピーシェントウバンジャン）…25g
  - 家常豆板醤（ギャーチャントウバンジャン）…25g
  - ゴマペースト…15
- B
  - ラー油…50g
  - 花椒油（ホワジャオユー）（四川山椒の油）…5g
- C
  - 上白糖…50g
  - 醤油…40g
  - 中国醤油…10g
  - ニンニク（すりおろし）…15g
  - 黒酢…10g
  - 鶏ガラスープ…30g
- D
  - 白煎りゴマ…10g
  - ラー油…40g
  - ゴマ油…5g

1. Aを少し大きめのステンレス製のボウルに合わせる。
2. Bを合わせて火にかけて熱し、高温になったら1に少しずつかけながら混ぜ合わせる。
3. Bをすべて加えたら、Cで味つけしてよく混ぜ、仕上げにDを加える。

*Dは分離させたいので、加えた後は混ぜすぎないこと。

◎彩り根菜の怪味ソース

材料（2人分）
- A
  - ジャガイモ（メークイン）…1個
  - オレンジサツマイモ…1/2本
  - 紫イモ…1/2本
- 怪味ソース（上記参照）…大さじ4

1. Aのイモ類は皮付きのまま5cm長さ、1cm角の拍子木切りにし、軽く水にさらして表面の汚れとデンプン質を落とす。
2. 1をそれぞれセイロで約10分蒸して、火を通す。
3. 2をきれいに揃えて並べ、器に盛り付ける。怪味ソースをかける。

173 | 中華 の和える・添える・かけるソース

魚香ソース
(ユーシャン)

- 炒め物に。焼き物にかけるソースに。
- 使用するときに作る。

魚香は、四川料理の調理法。魚という字がついていても、素材はさまざまなものが使われる。この調理に使われる香味素材と調味料を合わせてソースとした。

材料(作りやすい量)
上白糖 … 大さじ1
生姜(すりおろし) … 小さじ1
ニンニク(すりおろし)
　… 小さじ1/2
酢 … 大さじ2
酒 … 大さじ2
醤油 … 大さじ1
コショウ … 少量
泡辣醤ペースト(ポウラージャン)(塩漬け唐辛子。なければ豆板醤で代用可)
　… 大さじ1
長ネギ(みじん切り) … 大さじ3
片栗粉 … 小さじ2/3
鶏ガラスープ … 大さじ2

すべての材料をよく混ぜ合わせる。

*使用するときに加熱してとろみをつける。

◎ ラムチャップの煎り焼き 魚香ソースがけ

材料(2人分)
ラムチャップ … 2本(180g)
塩、コショウ … 各少量
魚香ソース(上記参照) … 大さじ5

1　ラムチャップに塩、コショウで下味をつける。フライパンで両面をこんがりと焼きつけ、油気をふき取って器に盛る。
2　魚香ソースを加熱し、しっかりととろみがついたら1にかける。

菰田欣也

芥茉ソース (ジェモ)

● 和え物やサラダのソースに。　● 冷蔵庫で2日。

からし風味の和えだれ。

材料(作りやすい量)
練りがらし … 小さじ1⅓
酢 … 大さじ2
上白糖 … 小さじ1
醤油 … 大さじ1

すべての材料をよく混ぜ合わせる。

◎ 白魚のからしソース和え

材料(2人分)
白魚 … 120g
キャベツ … 100g
玉ネギ … 50g
塩 … 少量
芥茉ソース(上記参照) … 大さじ3

1　白魚の表面に塩をまぶして10〜15分おく。
2　キャベツ、玉ネギは細切りにし、1の白魚と一緒にさっとゆで、水気を切る。
3　2が温かいうちに芥茉ソースで味つけし、器に盛る。

菰田欣也

姜汁ソース

素材を問わず、揚げ物によく合う。冷蔵庫で2日。

おろし生姜の風味がきいた、油と相性のいいソース。

材料(作りやすい量)
生姜(すりおろし)… 小さじ1
上白糖… 小さじ1
酢… 大さじ1
醤油… 大さじ1/2
みりん… 大さじ1/2
塩… 少量
ゴマ油… 小さじ1/2

すべての材料をよく混ぜ合わせる。

◎ 揚げなすの生姜ソース

材料(2人分)
長ナス…2本
インゲン…6本
姜汁ソース(上記参照)… 大さじ2
揚げ油(サラダ油)… 適量

1 長ナスは縦に3ヵ所皮をむき、5cm長さの拍子木切りにする。インゲンもナスと同じ長さに切る。
2 鍋に油を入れて190℃ほどの高温に熱し、1の材料を入れて素揚げする。クッキングペーパーなどで油を切っておく。
3 2を器に盛り、姜汁ソースをかける。

菰田欣也

葱油ソース

- 魚介類によく合う。
- 冷蔵庫で2日。

刻んだネギに
熱した油をかけて作る、
中華料理の定番ソース。

材料(作りやすい量)
長ネギ(太め)…1本
A ┌ 塩…小さじ1/3
　├ コショウ…少量
　├ 上白糖…小さじ1
　└ 日本酒…大さじ1/2
オリーブ油…50ml

1 長ネギをみじん切りにし、ステンレス製のボウルに入れてAで味つけする。
2 オリーブ油を高温に熱し、1に数回に分けてかけながらよく混ぜる。

＊熱した油を同じところにかけると焦げてしまうので、数回に分け、混ぜながらかける。

◎ そら豆とグリーンピースの葱ソース和え

材料(2人分)
ソラ豆(むき実)…100g
グリーンピース(むき実)…50g
葱油ソース(上記参照)…大さじ4

1 沸騰した湯でソラ豆とグリーンピースをゆでる。八割ほど火が通ったら、冷水にとってしっかり冷まし、水気を切る。
2 1を葱油ソースで和えて、器に盛る。

＊豆はゆですぎないよう注意して、食感よく仕上げる。

菰田欣也

177 | 中華の和える・添える・かけるソース

香味醤油ソース

- ゆでた海鮮によく合う。
- 常温に置く。万能ネギの色が変わるので、作った当日に使い切る。

香味野菜に熱した葱油をかけて香りを出し、調味料と合わせる。

材料（3人分）
- A
  - 万能ネギ…3/10束
  - 生姜（小さめ。皮をむく）…1個
  - 赤唐辛子…1/2本
  - セロリ…5cm
- B
  - 醤油…大さじ3
  - 砂糖…小さじ1/2
  - 鶏ガラスープ…大さじ1
  - チキンパウダー…小さじ1/2
- 葱油＊…大さじ2

＊葱油：薄切りにした玉ネギとサラダ油を同量ずつ鍋に合わせて火にかけ、温度が上がったら弱火にし、玉ネギがキツネ色になるまで加熱して、漉す。

1 Aをすべてみじん切りにし、ステンレス製のボウルに入れておく。
2 葱油を150℃ほどに熱し、1にかける。
3 2にBを加えて混ぜ合わせる。

◎ たこの香味醤油ソース

材料（3人分）
- タコ（足）…1本
- A
  - 細ネギ（白い部分）…1本
  - ピーマン…1/10個
  - 赤ピーマン…1/10個
- 香味醤油ソース（上記参照）…上記の量

1 Aはすべてせん切りにし、流水で洗い、ザルにあけて水気を切る。
2 タコの足をさっとゆで、氷水で冷やす。
3 2のタコの皮をはぎ、身を薄切りにして、器に並べて盛り付ける。
4 3に香味醤油ソースをかけ、中央に1をのせる。

菰田欣也

葱生姜ソース

- ゆでた海鮮によく合う。
- 変色するので作り置きはできない。使用するときに作る。

熱した葱油を2種類のネギと生姜にかけて香りを出し、調味料を合わせる。

材料(2人分)
- A ┌ 長ネギ…1/2本
  │ 万能ネギ…3本
  └ 生姜…少量
- B ┌ 醤油…大さじ2
  │ 鶏ガラスープ…小さじ2
  └ 砂糖…小さじ1/2
- 葱油(p.178参照)…大さじ2

1 Aをすべてせん切りにする。
2 1をステンレス製のボウルに合わせておく。
3 葱油を150℃ほどに熱し、2にかける。
4 3にBを加えて混ぜ合わせる。

◎ ゆでいかの葱生姜ソース

材料(2人分)
- アオリイカ(むき身)…1/2枚
- レタス…2枚
- 葱生姜ソース(上記参照)…上記の量

1 イカは表面に細かい縦の切り目を入れた後、横に薄切りにする。
2 1のイカとレタスをそれぞれさっとゆでて水気を切り、器に盛り合わせる。熱した葱生姜ソースをイカにかける。

菰田欣也

中華の和える・添える・かけるソース

葱油風味明太子ソース

● 冷たくしても、温めても使える。ゆでた海鮮に合う。また、ゆでた野菜を和えてもよい。 ● 冷蔵庫で2日。

葱油に、からし明太子と豆板醤でピリ辛味をプラス。

材料(2人分)
からし明太子…80g
生姜(みじん切り)…小さじ1
豆板醤(トウバンジャン)…小さじ1
葱油(p.178参照)…40g

すべての材料を鍋に合わせて火にかけ、色が鮮やかなピンク色になるまで炒める。

◎ ほたるいかと温野菜の葱油風味明太子ソースがけ

材料(2人分)
ゆでホタルイカ…12尾
菜の花…8本
ヤングコーン…2本
グリーンアスパラガス…2本
プチトマト…2個
葱油風味明太子ソース(上記参照)
　…上記の量
塩…適量

1 菜の花、ヤングコーン、アスパラガスは塩ゆでする。ヤングコーンは斜め半分に、アスパラガスは縦半分に切る。
2 ホタルイカは目とクチバシを取り除き、さっとゆでる。
3 1の野菜とプチトマト、2のホタルイカを器に盛り合わせ、葱油風味明太子ソースをかける。

菰田欣也

181 | 中華の和える・添える・かけるソース

リンゴ酢ソース

● 前菜やサラダのソースとして。 ● 冷蔵庫で2日。

さっぱりとしたリンゴ酢に、山椒やニンニク、ゴマ油の風味を控えめに加える。

材料(作りやすい量)
上白糖 … 小さじ1
塩 … 小さじ1/3
ニンニク(すりおろし)
　… 小さじ1/2
コショウ … 少量
リンゴ酢 … 100ml
花椒油(四川山椒の油)
　… 小さじ1/2
ゴマ油 … 小さじ1

すべての材料をよく混ぜ合わせる。

◎ 香菜とセロリのリンゴ酢サラダ

材料(2人分)
香菜 … 100g
セロリ … 1/2本
生赤唐辛子 … 1/2本
長ネギ(細め) … 1本
リンゴ酢ソース(上記参照)
　… 大さじ2½

1 香菜は4cm長さに切り、セロリは隠し包丁を入れて(花切り)、4cm長さの薄切りにする。赤唐辛子と長ネギも細切りにする。
2 1の材料を合わせて水洗いし、しっかり水気を切り、リンゴ酢ソースで和えて器に盛る。

菰田欣也

黒酢ソース

- さまざまな和え物に。
- 風味が飛ぶので、使用するときに作る。

深い旨みをもつ黒酢をベースに、砂糖やハチミツの甘み、醤油、ゴマ油の香りを加えた和え物用ソース。

材料(3人分)
黒酢 … 大さじ3
砂糖 … 大さじ2
醤油 … 大さじ2
ハチミツ … 大さじ1½
塩 … 少量
ゴマ油 … 小さじ1
白煎りゴマ … 小さじ1/2

すべての材料を混ぜ合わせる。

◎ 皮蛋(ピータン)入りサラダ　黒酢ソース

材料(3人分)
ピータン … 2個
キュウリ … 1/2本
トマト … 1/2個
パプリカ(赤・黄) … 各1/10個
セロリ … 1/2本
ヤングコーン … 2本
長ネギ(細切り) … 1/5本分
香菜(葉をちぎる)、カシューナッツ、
　生赤唐辛子(細切り) … 各少量
サニーレタス … 1枚
黒酢ソース(上記参照) … 上記の量

1　殻をむいたピータン、キュウリ、トマト、パプリカ、セロリ、ヤングコーンは一口大に切る。ヤングコーンはゆでる。
2　1をすべてボウルに合わせ、半量の黒酢ソースを入れて和えた後、一度ソースを捨てる。残りの黒酢ソースを入れて和え直す。
3　サニーレタスを敷いた器に盛り、香菜、カシューナッツ、長ネギ、赤唐辛子を合わせて上にのせる。

菰田欣也

中華の和える・添える・かけるソース

マヨネーズ入り胡麻ソース

- 肉にも野菜にも合う。
- 冷蔵庫で2日。

マヨネーズに
ゴマのコクを加えた
濃厚なソース。

材料(2人分)
練りゴマ(白)…大さじ3
マヨネーズ…大さじ3
砂糖…大さじ1
生姜(みじん切り)…小さじ1
醤油…大さじ2
黒酢…小さじ1
酢…小さじ1
ラー油…小さじ1

1 練りゴマに、マヨネーズと砂糖を加えてよく混ぜ合わせる。
2 1に残りの材料を入れて混ぜる。

◎ 鴨入りサラダ　マヨネーズ入り胡麻ソース

材料(2人分)
A ┌ 焼き鴨(p.186参照)…200g
　├ 紅芯大根…100g
　├ キュウリ…100g
　├ マンゴー(実)…100g
　└ 黄ニンジン…100g
カシューナッツ(軽く砕く)…30g
ワンタンの皮…5枚
リーフミックス…50g
マヨネーズ入り胡麻ソース(上記参照)
　…上記の量

1 ワンタンの皮は1cm角に切り、油(分量外)で揚げる。
2 Aをすべて、太さを揃えた5cm長さの棒状に切り、器に並べて盛る。間を埋めるようにカシューナッツと1のワンタンの皮を添える。
3 マヨネーズ入り胡麻ソースを絞り袋に入れて、2の上にひも状に絞り出してかける。中央にリーフミックスをのせる。

＊食べるときに全体を混ぜ合わせる。

菰田欣也

185 | 中華 の和える・添える・かけるソース

梅ソース

● 焼き鴨に合う。熱してからかける。　● 冷蔵庫で1週間。

梅干しや酢の酸味と、
水あめやハチミツの甘みを
合わせた甘酸っぱいソース。

材料(3人分)
A ┌ 梅肉…大さじ2
　│ 水あめ…大さじ2
　│ ハチミツ…大さじ2
　│ 酢…大さじ2
　└ 砂糖…大さじ2
レモンの皮(せん切り)…2g

1　Aを鍋に合わせて火にかける。焦げないように、沸くまでお玉で混ぜ続ける。
2　沸いたら弱火にし、8割ほどの量になるまで煮詰めたら、最後にレモンの皮を加える。

◎ 焼き鴨　梅ソース

材料(3人分)
鴨胸肉…1枚
トマト(薄い半月切り)…1/2個分
塩、コショウ…各少量
梅ソース(上記参照)…上記の量

1　鴨胸肉の両面に塩、コショウで下味をつけ、常温に4時間置いて皮を乾かす。180℃のオーブンで焼き色がつくまで焼く。
2　1を食べやすく切り分け、笹の葉とトマトを添えて器に盛る。
3　温めた梅ソースを、鴨にかける。

菰田欣也

マンゴーチリソース

● 冷たくしても、温めても使える。揚げ物などによく合う。
● 冷蔵庫で2日。

マンゴーの甘みに
唐辛子の辛みを加えて。

材料(2人分)
A ┌ マンゴーピューレ(市販)
  │   …80ml
  └ 赤唐辛子…3本
マンゴーの果肉(5mm角切り)
    …3/10個分
タピオカ(15分ゆで、流水にあてて冷
    ましたもの)…30g

1 Aを鍋に合わせて沸かし、少し煮詰める。
2 1を火からおろし、マンゴーの果肉とタピオカを入れる。

◎ えびのカダイフ巻き揚げ
　 マンゴーチリソース

材料(2人分)
エビ…4尾
カダイフ…適量
塩…少量
エンダイブ(軽くちぎる)…適量
パプリカ(赤。5mm角切り)…少量
マンゴーチリソース(上記参照)…上記の量
揚げ油(サラダ油)…適量

1 エビは頭を残して殻をむき、塩で下味をつけてカダイフを巻きつけ、160℃に熱した油で揚げる。
2 器にエンダイブとパプリカを敷き、1を盛り付ける。温めたマンゴーチリソースをかける。

菰田欣也

187 　中華の和える・添える・かけるソース

オレンジソース

- 揚げ物に合う。
- 冷蔵庫で3日。

オレンジの果汁とオレンジの果肉をたっぷり使う、フルーティーなソース。

材料(2人分)
- A
  - オレンジ果汁… 大さじ3
  - 酢… 大さじ2
  - 砂糖… 大さじ2
  - レモン果汁… 小さじ1
  - 塩… 少量
  - 水… 大さじ1
- オレンジの果肉(薄皮をむき、横3等分に切る)… 1/2個分
- 水溶き片栗粉… 適量
- カスタードパウダー… 小さじ1/2
- オレンジキュラソー… 小さじ1/2

1 Aを鍋に合わせ、火にかける。
2 沸いたら水溶き片栗粉でとろみをつけ、オレンジの果肉を入れる。水で溶いたカスタードパウダーとオレンジキュラソーを加える。

◎鯛のフライ　オレンジソース

材料(2人分)
- 鯛(三枚おろし)… 半身
- オレンジ(半月切りにし、皮を途中まで切り離す)… 1/2個分
- ミント… 適量
- 衣
  - 薄力粉… 大さじ2
  - 片栗粉… 小さじ1
  - 溶き卵… 少量
  - カスタードパウダー… 少量
  - 水… 大さじ1
  - ＊すべてを混ぜ合わせる。
- オレンジソース(上記参照)… 上記の量
- 揚げ油(サラダ油)… 適量

1 鯛を5cm幅、厚さ2.5cmほどに切って衣をつけ、170℃に熱した油で揚げる。
2 器にオレンジと1の鯛を盛り、ミントを飾る。温めたオレンジソースをかける。

菰田欣也

189 | 中華 の和える・添える・かけるソース

香菜ドレッシング

● サラダに。野菜にも魚介にもよく合う。　● 冷蔵庫で3日。

たっぷりの香菜に、マスタードやチーズ、ニンニク油で旨みを加えたドレッシング。

材料(2人分)
- A
  - 香菜…1/2束
  - 酢…大さじ4
  - 粒マスタード(ポメリー)…大さじ1½
  - 塩…少量
  - 砂糖…少量
  - 粉チーズ…小さじ1/2
- B
  - サラダ油…大さじ5
  - ニンニク(みじん切り)…小さじ1

1　鍋にBを入れて弱火でじっくり炒めてニンニクの風味を油に移し、冷ましておく(ニンニク油)。
2　ミキサーにAを入れて攪拌する。最後に1をすべて加えて攪拌する。

◎ 海鮮サラダ　香菜ドレッシング

材料(1人分)
- A
  - エビ(むき身)…1尾
  - イカ(むき身)…1切れ
  - カニ(脚のむき身)…1切れ
  - ホタテ貝柱…1/2個
- クラゲ(ゆでて流水にあて、戻したもの)…15g
- リーフミックス…50g
- 香菜ドレッシング(上記参照)…上記の量
- 春巻きの皮…1枚
- 揚げ油(サラダ油)…適量

1　Aの魚介はゆで、氷水にとって冷ます。
2　春巻きの皮はせん切りにし、油で揚げる。
3　リーフミックス、1の魚介、2、クラゲを器に盛り合わせ、香菜ドレッシングをかける。

菰田欣也

ピータンソース

前菜のソースや和え物の他に、炒め物用としても使える万能ソース。

● 冷蔵庫で2日。

ピータンの少しクセのある風味を上手に生かしたソース。

材料（作りやすい量）
ピータン…2個
A ┌ 青唐辛子…50g
  └ ピーマン…50g
万能ネギ…60g
生姜…10g
ニンニク…30g
B ┌ 塩…ひとつまみ
  │ 上白糖…大さじ1/2
  │ チキンパウダー
  │ 　…小さじ1/2
  │ 醤油…小さじ1/3
  │ オイスターソース…小さじ1
  │ コショウ…少量
  └ ゴマ油…大さじ1

1 Aの材料を粗みじん切りにし、フライパンに入れて弱火で水分を飛ばすように空煎りする。
2 ピータン、万能ネギ、生姜、ニンニクはそれぞれ細かく切り、1とともにミキサーにかけてペースト状にする。
3 2にBを加えて味つけする。

◎ 豚肩ロース肉の煎り焼き ピータンソース添え

材料（2人分）
豚肩ロース肉（塊）…250g
レタス…30g
塩、コショウ…各少量
ピータンソース（上記参照）…大さじ2½

1 豚肩ロース肉は塊のまま塩、コショウで下味をつける。
2 レタスは食べやすい大きさにちぎり、水洗いしておく。
3 ステーキ用鉄板（またはフライパン）で1の豚肉の両面をしっかり焼き、火からおろし、アルミホイルで蓋をして余熱で火を通す。
4 3の肉を一口大に切って器に盛り、2のレタスとピータンソースを添える。

菰田欣也

クコの実ソース

- 前菜や和え物のソースに。
- 冷蔵庫で2日。

クコの実のほんのりとした甘みと美しい赤色を生かした、前菜にぴったりのソース。

材料(作りやすい量)
クコの実(乾燥)…20g
水…大さじ3
塩…小さじ1/5
酢…大さじ1

1　クコの実を分量の水に浸け、やわらかく戻ったらミキサーにかけてペースト状にする。
2　1に塩と酢を加えて味つける。

◎ 花切りいかの湯引き
　クコの実ソース

材料(2人分)
モンゴウイカ(むき身)…1枚(130g)
塩、ピーナッツ油…各少量
クコの実ソース(上記参照)…大さじ2

1　モンゴウイカは表面に細かい格子状の切り目を入れた後、一口大に切る。
2　沸騰湯に1を入れてゆで、水気を切り、温かいうちに塩とピーナッツ油で下味をつける。
3　器にクコの実ソースを入れ、その上に2のイカを盛り付ける。

菰田欣也

赤酢ジュレソース

● クラゲや冷麺などの冷たい料理に。
● 冷蔵庫で3日。

まろやかな赤酢を使った、美しい宝石のようなジュレ。

材料(作りやすい量)
A ┌ 赤酢…120ml
  │ 水…120ml
  │ 醤油…40ml
  │ 砂糖…20g
  └ シーズニングソース…5ml
B ┌ ゼラチン…12g
  └ 水…30ml

1 Bを合わせてふやかした後、蒸して溶かす。
2 鍋にAを合わせて火にかける。沸いたら火を止め、1を加える。
3 容器に入れて冷蔵庫で冷やし固める。

＊下記の料理では盛り付けのため、固める前に一部を器に流し、残りを絞り袋に入れて冷やし固めている。

◎ クラゲの冷製　赤酢ジュレソースがけ

材料(1人分)
クラゲ(下記作り方2のように塩抜きした塩クラゲ)…60g
セロリ…20g
生姜の甘酢漬け…5g
ディル…適量
塩、ゴマ油…各少量
赤酢ジュレソース(上記参照)…適量

1 赤酢ジュレソースは、固める前に大さじ1パイを器に流し、残りを絞り袋に入れて冷蔵庫で冷やし固める。
2 鍋に水と塩クラゲを入れて火にかけ、沸騰したら火を止めてクラゲにふくらみが出るまでおき、流水で塩抜きする。
3 セロリは皮をむき、縦にせん切りにする。生姜の甘酢漬けもせん切りにする。
4 2のクラゲに塩とゴマ油で下味をつけ、3と合わせて1の器に盛り、1の絞り袋の赤酢ジュレをまわりに輪を描くように絞り出す。ディルを添える。

菰田欣也

ハイビスカスソース

● ゼリーのためのソース。冷やしてかける。 ● 冷蔵庫で3日。

透明感のある赤色が美しい、甘いデザート用ソース。

材料(1人分)
A ┌ 乾燥ハイビスカス … 5g
　└ 水 … 100ml
B ┌ 水あめ … 15g
　│ 砂糖 … 15g
　└ ハチミツ … 15g

1　Aを鍋に合わせて火にかける。沸いたら弱火にし、10分煮出す。
2　1からハイビスカスを取り出し、Bを入れて、更に5分火にかける。
3　火を止めて粗熱を取り、冷蔵庫で冷やす。

＊取り出したハイビスカスは、盛り付けのときに使用するので取り置く。

◎ 愛玉ゼリー　ハイビスカスソース

愛玉ゼリー50g(1人分)を2cmのひし形に切って器に入れ、ハイビスカスソース(上記参照)をかけ、取り出しておいたハイビスカスを4等分にちぎってのせ、セルフィーユを飾る。

菰田欣也

金木犀（キンモクセイ）ソース

● 温めてデザートに使用する。とろみがつくまで煮て、艶よく仕上げる。
● 通常使用するときに作るが、作り置きもできる。

桂花醤（金木犀の花のシロップ煮）と、桂花陳酒（金木犀の花の酒）を使った甘いソース。

材料（2人分）
桂花醤（ケイファジャン）…大さじ2
桂花陳酒…大さじ2
ハチミツ…大さじ1
水あめ…大さじ1
水…大さじ2

1 桂花陳酒はアルコール分を飛ばしておく。
2 すべての材料を鍋に入れてひと煮立ちさせる。

◎ なつめの餅詰め　金木犀ソース

材料（2人分）
干しナツメ…10個
白玉粉…30g
餅米粉…20g
熱湯…90ml
金木犀ソース（上記参照）…上記の量
レモン（薄切り）…1枚
ベルローズ…1個
ディル…少量

1 ナツメは切れ目を入れて、種を取る。
2 白玉粉と餅米粉をボウルに合わせ、分量の熱湯を加えてよく混ぜ、餅を作る。
3 1の切れ目に2の餅を詰め、10分蒸す。
4 金木犀ソースを鍋に入れて沸かし、3を入れて煮る。
5 少しとろみが出たら器に盛り、レモン、ベルローズ、ディルを添える。

菰田欣也

中華の和える・添える・かけるソース

韓国料理のたれ・ソース

醤油だれ

● 焼き肉のたれに、野菜と肉の炒め物や煮物の味つけになど、幅広く使える。
● 冷蔵庫で約1ヵ月。

三温糖やフルーツの甘み、赤ワインの風味がたっぷり溶け込んだ万能醤油だれ。

材料（作りやすい量）
醤油…400ml
赤ワイン（甘口）…50ml
酒…10ml
みりん…30ml
三温糖…150g
A ┌ リンゴジュース（果汁100%）…50ml
  │ パイナップルジュース（果汁100%）…50ml
  └ バナナ（熟したもの。皮をむく）…1本

1 Aをミキサーにかけて、ボウルに入れる。
2 1に他のすべての材料を加えて混ぜ合わせる。

◎ 牛カルビ焼き

材料（2人分）
牛カルビ肉（5mm厚さに切ったもの）…120g
A ┌ 醤油だれ（上記参照）…150ml
  │ ニンニク（すりおろし）…少量
  │ ゴマ油…大さじ1
  │ 黒コショウ…少量
  └ キウィリンゴだれ（p.198参照）…大さじ1
わさび（すりおろし）…適量
白髪ネギ
  ┌ 長ネギ…適量
  │ B ┌ 塩、砂糖、リンゴ酢、ゴマ油…各少量
  │   └ 万能ネギ（小口切り）…少量
  └ ＊長ネギをせん切りにして水にさらし、水気をよく切った後、Bを加えて混ぜ合わせる。

1 ボウルにAと牛肉を入れて混ぜ合わせ、5分ほど漬けておく。
2 1の肉を、網やホットプレートで焼く。
3 2を器に盛り、おろしわさびと白髪ネギを添える。

金順子

197 | 韓国料理のたれ・ソース

キウィリンゴだれ

● 肉を焼く前に漬け込む。
● 冷蔵庫で3〜4日。

肉を漬け込んでおくと、やわらかくなる。

材料(作りやすい量)
キウィ、リンゴ… 各1個

キウィとリンゴの皮をむき、合わせてミキサーにかける。

＊キウィだけでは酸味が強いが、リンゴを加えることでやわらぐ。

◎ 豚肉の塩焼き

材料(2人分)
豚バラ肉(5mm厚さに切る)…150〜200g
A ┌ キウィリンゴだれ(上記参照)… 大さじ1
  │ ニンニク(すりおろし)… 小さじ1
  │ ゴマ油… 大さじ2
  └ 炒め塩(韓国の粗塩をすり鉢ですりつぶしたもの)
    … 小さじ1/2
つけだれ
  ┌ 炒め塩、ゴマ油… 各適量
  └ ＊小皿に合わせる。

1 ボウルにAと豚肉を入れて手でよくもみ込み、5分ほど漬けておく。
2 1の肉を、網やホットプレートで焼く。
3 2の肉を器に盛り、小皿に入れたつけだれを添える。

金順子

コチュジャンだれ

● 鶏肉や豚肉を使った煮物や焼き物のたれに。豚キムチ炒めのたれにも。
● 冷蔵庫で1週間

コチュジャンの辛みが
おいしい煮物用のたれ。

材料（作りやすい量）
酒…100ml
みりん…200ml
コチュジャン…大さじ2½
醤油…大さじ2
ゴマ油…大さじ2
ニンニク（すりおろし）…少量
粗挽き唐辛子…小さじ1

すべての材料を混ぜ合わせる。

◎ タットリタン（鶏肉と野菜の煮物）

材料（2人分）
鶏肉（モモ肉または胸肉）…150〜200g
ジャガイモ…1個
ニンジン…1/3本
小玉ネギ…2個
長ネギ…4cm長さ×4本
コチュジャンだれ（上記参照）…上記の量

1 鶏肉は大きめの一口大に切る。ジャガイモは皮をむいて1cm厚さの輪切りにする。ニンジンも皮をむき、1〜2cm厚さの輪切りにする。小玉ネギは皮をむく。
2 鍋に1の材料とコチュジャンだれを入れて中火にかける。沸騰したら一度全体を混ぜ、蓋をして10〜15分ほど煮る。煮上がる直前に長ネギを入れ、蓋をしてひと煮立ちさせる。

金順子

マヨネーズソース

- 生野菜のサラダに。
- すぐに色が変わるので、食べる直前に作る。

どこにでもある調味料で作れる、サラダにぴったりのソース。

材料（作りやすい量）
マヨネーズ… 大さじ3
ゴマ油… 大さじ1
醤油… 大さじ1
砂糖… 大さじ1
ニンニク（すりおろし）… 少量

すべての材料をよく混ぜ合わせる。

◎ シャキシャキグリーンサラダ

材料
水菜、ルコラ、エンダイブ… 各適量
マヨネーズソース（上記参照）… 適量
＊野菜は好みのものでよい。

野菜は食べやすい大きさに切り、水にさらして水気をよく切った後、マヨネーズソースで和える。

金順子

松の実ソース

● ゆでたり蒸したりした肉や野菜を和える。● すぐに色が変わるので、食べる直前に作る。

松の実をたっぷり使って作る、バンバンジーのたれ風ソース。

材料（作りやすい量）
- A ┌ 松の実…50g
　　└ 醤油…大さじ1
- B ┌ ゴマ油…大さじ1
　　│ 溶きがらし…大さじ1
　　│ 砂糖…小さじ1
　　│ みりん…大さじ1
　　└ 醤油…大さじ1

1　Aをすり鉢に合わせ、粒がなくなるまですりつぶす。
2　1にBを加えてよく混ぜる。

◎ 松の実風味のバンバンジー

材料（2人分）
鶏肉（モモ肉または胸肉）…200〜250g
松の実ソース（上記参照）…適量
刻みネギ（長ネギと万能ネギの、各みじん切りを混ぜたもの）…少量

1　鶏肉はゆでるか蒸して、骨を除き、手で裂く。
2　1に松の実ソースを加えて混ぜ、刻みネギを加えて和え、器に盛る。

金順子

韓国酢醤油

- カツオやマグロの赤身にかける。チヂミのたれにも。
- 冷蔵庫で3〜4日。

ハタハタを原料とする秋田のしょっつるを使用する。しょっつるは、すっきりとした味の魚醤で使いやすい。

材料(作りやすい量)
酢…大さじ4
醤油…大さじ2
みりん…大さじ1
しょっつる…大さじ1
白すりゴマ(粗くすったもの)
　…少量
粗挽き唐辛子…少量

すべての材料を混ぜ合わせる。

◎ かつおのサラダ

材料
カツオ(刺身用サク)…適量
みょうが(せん切り)…適量
大葉(せん切り)…適量
韓国酢醤油(上記参照)…適量

カツオは厚めに切り、みょうが、大葉とともに器に盛り合わせ、韓国酢醤油をかける。

金順子

チョジャン

- リンゴによく合う。生野菜、蒸し野菜にかけてもよい。
- 冷蔵庫で1週間。

コーラとコチュジャンの組み合わせがおもしろい、さっぱりとしたソース。

材料（作りやすい量）
コーラ…100ml
レモンの絞り汁……1個分
砂糖…大さじ2
リンゴ酢…大さじ1
醤油…大さじ2
ニンニク（すりおろし）…少量
コチュジャン…大さじ2〜3

すべての材料を混ぜ合わせる。

＊コチュジャンの量は好みで。大さじ2にするとゆるめのたれになる。

◎ リンゴのおつまみ

材料（1人分）
リンゴ（皮をむいて1.5cm角の棒状に切り、塩水にさらして水気を切ったもの）…6切れ
A ┌ チョジャン（上記参照）…大さじ2
　├ ゴマ油…小さじ1
　├ 白すりゴマ…少量
　└ 粗挽き唐辛子…少量

Aをボウルで混ぜ合わせ、リンゴを入れて和える。

＊水分が出てしまうので、食べる直前に和える。

金順子

ベトナム・タイ料理のたれ・ソース

ヌクチャム

- 生春巻きや揚げ物のつけだれに。オリーブ油などを加えてドレッシングになど。
- 冷蔵庫で3〜4日。

ベトナムの魚醤ベースのたれで、南部のホーチミンで好まれる甘酸っぱい味。幅広く使える万能だれ。

材料(作りやすい量)
ヌクマム(ナンプラーでも可)
　…大さじ2
レモンの絞り汁…大さじ3
グラニュー糖…大さじ3
水(できればミネラルウォーター)
　…大さじ2
ニンニク(みじん切り)…小さじ1
生赤唐辛子(あればプリッキーヌ*。
　みじん切り)…1/2本分

*プリッキーヌはタイの生赤唐辛子。なければ国産の生赤唐辛子、または青唐辛子で代用するとよい。

すべての材料をボウルに入れ、グラニュー糖が溶けるまでよく混ぜ合わせる。

*3〜4倍の分量で作る場合は、水でグラニュー糖を煮溶かしてシロップを作り、冷ましてから他の材料を混ぜ合わせる。

◎揚げ春巻き

材料(15個分)
挽き肉あん
　┌豚挽き肉…150g
　│カニのほぐし身(缶詰)…50g
　│溶き卵…1/2個分
　│緑豆春雨(乾燥)…10g
A│キクラゲ(乾燥)…3g
　│赤玉ネギ(みじん切り)…1/4個分
　│ニンニク(みじん切り)…1/2カケ分
　│塩…小さじ1/2
　└粗挽き黒コショウ…少量
ハノイのライスペーパー(20cm角*)…15枚
サニーレタス、ミント、香菜…各適量
サラダ油…適量
ヌクチャム(上記参照)…適量

*ハノイのライスペーパーは極薄のもので、戻さずにそのまま使える。ベトナム食材店などで扱っているが、なければ普通のライスペーパー(直径22cm)を半分に切り、水で戻して使用する。

1　挽き肉あんを作る。春雨、キクラゲはそれぞれ水に浸して戻す。春雨は、切れる固さになったら調理用バサミまたは包丁で1cm幅に切る。キクラゲは石づきを除き、みじん切りにする。
2　ボウルにAの材料を入れ、手で混ぜ合わせる。
3　ライスペーパーをまな板にのせ、右側半分に水を少量塗る。左側を持ち上げて縦半分に折る。2のあん大さじ1を5cm長さの細長い形にまとめて手前にのせ、手前からしっかりと巻いていく。残り4〜5cmのところでライスペーパーの両端を押さえて平らにし、その部分を内側に折りたたんでから巻き上げる。巻き終わりを下にしておく。同様に計15個作る。
4　フライパンに3をぎっしりと並べ入れ、サラダ油を底から3cmぐらいまで注ぎ、中火にかける。途中で一度返し、全体がカリッと色づくまでゆっくり揚げる。
5　4を器に盛り、サニーレタス、ミント、香菜、ヌクチャムを添える。サニーレタスでハーブと揚げ春巻きを包み、ヌクチャムにつけて食べる。

鈴木珠美

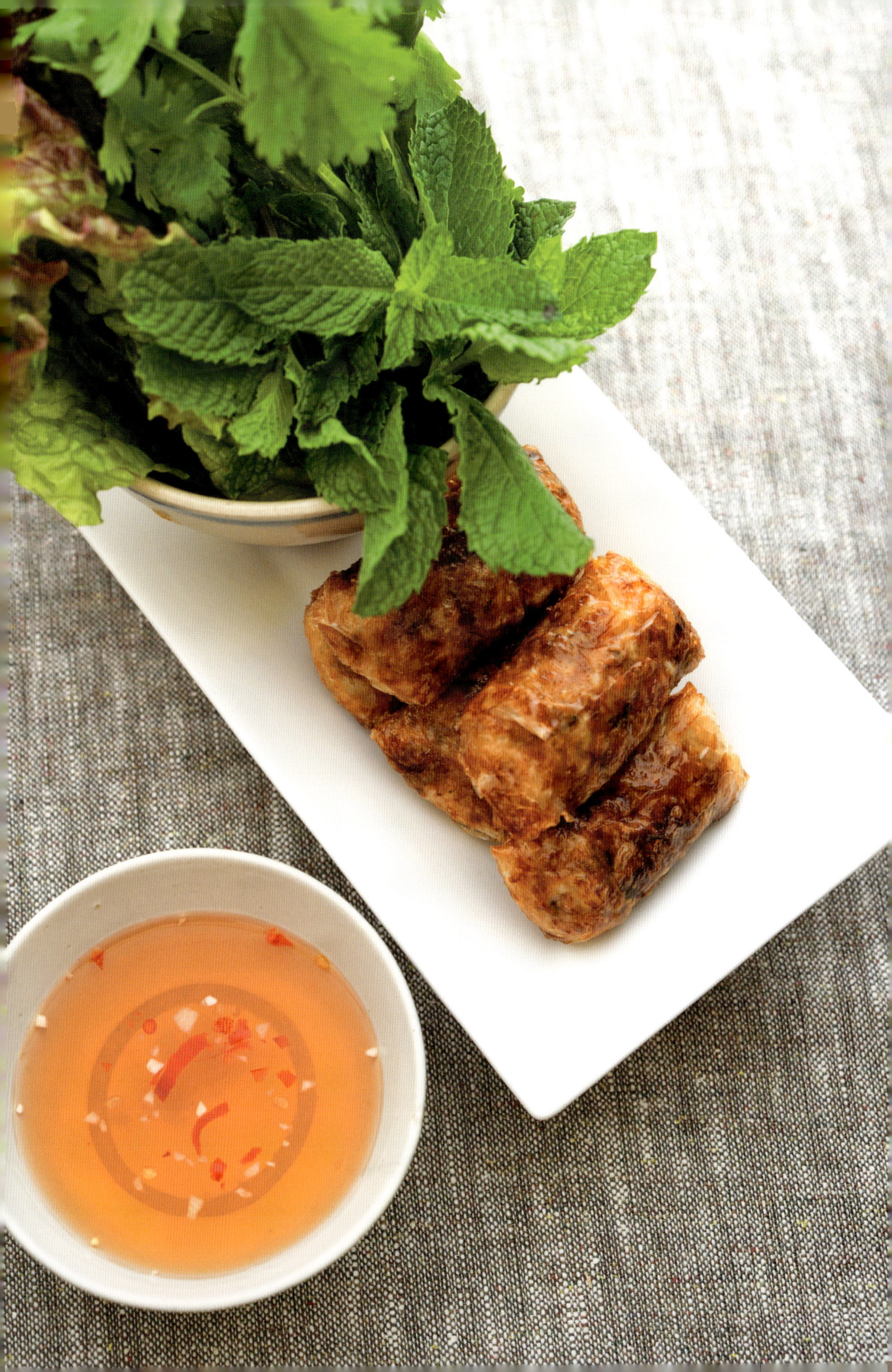

なます入りヌクチャム

- 揚げ物によく合う。
- 使用するときに合わせる。

ヌクチャムに大根と
ニンジンを加えた、
ベトナム南部スタイルのたれ。

材料(作りやすい量)
大根(せん切り)…100g
ニンジン(せん切り)…50g
塩…小さじ1/2
ヌクチャム(p.204参照)…適量

大根とニンジンに塩をして10分ほどおく。しんなりしたら水で塩を洗い流し、しっかりと手で絞る。これをヌクチャムに入れる。

◎ バイン・セオ（ベトナム風お好み焼き）
米粉主体のパリパリの生地で、たっぷりのもやしやエビを挟む（作り方p.221）。

鈴木珠美

香味ソース

ゆで野菜やゆでた肉、冷やっこ、蒸し魚、揚げ魚などいろいろなものに合う。●冷蔵庫で3〜4日。

ベースのヌクチャムに、細かく切った香味野菜をたっぷり混ぜ合わせて作る。

材料(作りやすい量)
生姜(みじん切り)…1カケ分
長ネギ(みじん切り)…1/4本分
香菜(みじん切り)…10本分
万能ネギ(小口切り)…1/4束分
ヌクチャム(p.204参照)
　…カップ1/4
チリソース…小さじ2
ゴマ油……大さじ1/2
白ゴマ…大さじ1

ボウルにすべての材料を入れて混ぜ合わせる。

◎ゆで豚肉　香味ソース添え

材料(4人分)
豚バラ肉(塊)…300g
ジャスミン茶(ティーバック)…1個
塩…小さじ1
サニーレタス、大葉、キュウリ(細長く切る)、万能ネギ(キュウリの長さに合わせて切る)、香菜…各適量
香味ソース(上記参照)…適量

1　鍋に豚バラ肉とかぶるくらいの水を入れて火にかけ、一度ゆでこぼす。湯をあけた鍋に豚肉を戻して新たにかぶるくらいの水を注ぎ、ジャスミン茶のティーバックと塩を入れて火にかける。沸騰したら弱めの中火にし、30分ほどゆでる。
2　1の肉を5mm厚さに切り分けて器に盛り、野菜と香味ソースを添える。サニーレタスに豚肉と他の野菜類をのせて香味ソースをかけ、包んで食べる。

鈴木珠美

ベトナム・タイ料理のたれ・ソース

ディルマヨネーズ

● 魚料理、揚げ物によく合う。サーモンを挟むベトナムのサンドイッチに使っても。● 冷蔵庫で3〜4日。

マヨネーズに相性のいい
ディルを合わせる。
ベトナムの北部では、
ディルがよく使われる。

材料(作りやすい量)
マヨネーズ…40g
ディル(みじん切り)…5g
レモンの絞り汁…小さじ2
ヌクマム(ナンプラーでも可)
　…小さじ1/2

すべての材料を混ぜ合わせる。

◎ 揚げ魚　ベトナムスタイル

材料(2人分)
カジキ(切り身)…大1枚
塩、コショウ…各適量
小麦粉、溶き卵、ディルパン粉(ドライパン粉40g
　にディルのみじん切り5gを混ぜ合わせたもの)
　　…各適量
A ┌ サニーレタス、ミント、バジル、ライスペーパー
　│ 　(水で戻す)…各適量
　└ ディルマヨネーズ(上記参照)…適量
揚げ油(サラダ油)…適量

1　カジキは1.5cm角の棒状に切り、塩、コショウをした後、小麦粉、溶き卵、ディルパン粉の順につけ、170℃の油でカリッと揚げる。
2　1を器に盛り、Aを添える。ライスペーパーに、野菜、香草、カジキをのせ、ディルマヨネーズをかけて包んで食べる。

鈴木珠美

ピーナッツ入りごま塩

● 青菜の他、やわらかくゆでた大根、ニンジン、ゴボウ、レンコンなどにも。おこわにかけてもおいしい。● 乾燥剤を入れた保存瓶で1ヵ月ほど。

鈴木珠美

ゆで野菜をつけて食べると、
日本のごま和えのような味わいに。

材料(2人分)
すりゴマ(白)、ピーナッツ(ミキサーにかけてパウダー状にしたもの)…各大さじ2
グラニュー糖…小さじ1/3
塩…小さじ1/4

混ぜ合わせる。

＊比較的長く保存できるので、多めに作ってもよい。

◎ゆで空心菜　ピーナッツ入りごま塩

材料(2人分)
空心菜…1束
ピーナッツ入りごま塩(上記参照)…上記の量

空心菜は食べやすい長さに切り、塩を少量(分量外)加えた沸騰湯にさっと入れてゆでて、水気を切って器に盛る。ピーナッツ入りごま塩を添え、空心菜をつけながら食べる。

＊根菜類の場合は温かいまま食べられるように、野菜はゆで汁ごと食卓に出す。

バター＋グラニュー糖

● フライドポテトに。● 使うときに小皿に合わせる。

鈴木珠美

塩味のきいたフライドポテトに
つけて食べると、不思議なおいしさ。

材料(1人分)
バター(有塩。常温に戻しておく)…10g
グラニュー糖…小さじ1

小皿に一緒に入れる。

◎フライドポテト　ベトナムスタイル

材料(2人分)
ジャガイモ(男爵)…大2個
塩…大さじ1½
揚げ油(サラダ油)…適量
バター＋グラニュー糖(上記参照)…上記の量×2

1　ボウルに水400mlと塩を入れて溶かす。
2　ジャガイモは皮をむき、スライサーで波型にスライスする。スライスしたものから1の塩水に浸し、20～25分おく。
3　2のジャガイモの水気をしっかりふき取り、170℃(中温)の油でカラリと揚げる。器に盛り、バター＋グラニュー糖を添え、ジャガイモをつけながら食べる。

塩、こしょう、ライム（レモン）だれ

● 蒸した鶏肉やエビ、カニ、シャコ、生ウニなどや、揚げ物に添える。　● 食べるときに混ぜ合わせる。

ベトナムのポピュラーなたれ。
ライムの風味が爽やか。

材料(1人分)
塩、黒コショウ … 各適量
ライム（またはレモン）
　…1/6〜1/8個

塩、黒コショウを好みの割合で合わせて小皿に入れ、絞りやすい形に切ったライムを添える。食べるときにライムを絞って、箸で混ぜる。

◎ 蒸し鶏と蒸しえび　塩、こしょう、ライムだれ添え

材料(2〜3人分)
蒸し鶏
　┌ 鶏モモ肉 … 1枚（約250g）
　│ 生姜 … 1カケ
　└ 酒、塩 … 各適量
こぶみかんの葉（せん切り）
　… 2〜3枚分

蒸しエビ
　┌ 有頭エビ … 6尾
　└ 酒 … 適量
塩、こしょう、ライムだれ
　（上記参照）… 適量

1　蒸し鶏を作る。生姜は皮をむいて5〜6枚の薄切りにする。
2　バットなどに酒を注ぎ、鶏肉を入れ、生姜の薄切りをのせる。
3　蒸し器の湯を沸かし、塩（水1ℓに対して大さじ2くらい）を加える（こうすると鶏肉が白く蒸し上がる）。2のバットを入れて、10〜15分蒸す。
4　3の鶏肉の汁気を切って食べやすい大きさに切り、器に盛り、こぶみかんの葉をのせる。
5　エビを酒蒸しにする。鍋にエビと酒を入れて蓋をして火にかけ、色よく蒸し上げて器に盛る。
6　小皿に入れた塩、こしょう、ライムだれを添える。鶏肉とエビを、混ぜ合わせたたれにつけながら食べる。

鈴木珠美

香菜ジェノベーゼ

- 野菜サラダのドレッシングに。肉や魚料理のつけだれに。パスタのソースにも。
- 冷蔵庫で3〜4日。

香菜の風味がたっぷりの、ベトナム版ジェノベーゼソース。

材料（作りやすい量）
- 香菜（茎と根）＊…60g
  ＊残りの部分はサラダに使用する。
- A ┌ ピーナッツオイル（または米油）…1/2カップ
    └ バターピーナッツ…20g
- ヌクチャム（p.204参照）…150ml

ミキサーにAの材料を入れて回し、ペースト状にする。ヌクチャムを加えて更に混ぜる。

鈴木珠美

◎ 香菜のサラダ
香菜好きな方に喜ばれる、香菜づくしのサラダ（作り方p.221）。

ゆで卵入りヌクマムだれ

- キャベツの他、ゆでた青菜、ブロッコリー、白菜などにも合う。
- 使うときに作る。

ヌクマムにゆで卵の黄身を溶かすと、塩気がやわらぎ旨みが加わる。ベトナム北部でゆで野菜に添えられるたれ。

材料（3〜4人分）
- ヌクマム、水…各大さじ2
- グラニュー糖…少量
- 固ゆで卵の黄身…2個

ヌクマム、水、グラニュー糖を合わせて小皿に入れ、ゆで卵の黄身を入れる。
＊食べるときに、黄身を粗くつぶす。

鈴木珠美

◎ ゆでキャベツ　ゆで卵入りヌクマムだれ
キャベツ（3〜4人分で1/4個）は大きめのザク切りにし、沸騰湯に入れてさっとゆでる（ゆですぎないよう注意）。水気を切って器に盛り、ゆで卵入りヌクマムだれ（上記参照）を添える。黄身を粗くつぶして混ぜ、キャベツをつけながら食べる。

きのこ鍋のたれ

きのこ鍋のつけだれに。薬味に鍋のスープを加えて作る。● 使用するときに作る。

ベトナムのハノイ発祥の
きのこ鍋に添えられるたれ。
ピーナッツのコクと薬味の
風味が加わったごまだれ風。

材料(1人分)
- A(薬味)
  - 生姜(みじん切り)…小さじ1/4
  - ニンニク(みじん切り)…小さじ1/4
  - 香菜(みじん切り)…大さじ1
  - 一味唐辛子…ひとつまみ
  - すりゴマ(白)…大さじ1
  - ピーナッツ(ミキサーでパウダー状にしたもの)…大さじ1
  - 塩…小さじ1/4
  - 砂糖…2つまみ
- きのこ鍋のスープ(下記の作り方5参照)…50ml

各々の器にAを入れ、きのこ鍋のスープを注いで混ぜる。

◎ きのこ鍋

材料(2人分)
具材
- エノキタケ(根元を切り落とす)…1束
- エリンギ(1cm幅のスライス)…2本分
- ハナビラタケ(手で一口大に裂く)…1パック
- ヤマブシタケ(一口大に切る)…1パック
- 本シメジ(根元を切り落とし小房に分ける)…1パック
- シイタケ(石づきを取り4等分に切る)…4個分
- レタス…1/2個
- クレソン…1束
- 水菜(10cm長さに切る)…1/3束
- 豚バラ肉(しゃぶしゃぶ用)…100g

鍋のスープ(作りやすい量)
- 鶏ガラ…2羽分
- 生姜…1カケ
- 塩…小さじ3〜4
- 砂糖…大さじ1

きのこ鍋のたれの薬味(上記参照)…上記の量(1人分)

1 鍋のスープを作る。鶏ガラは、ひたひたの水に入れて一度ゆでこぼし、水洗いして血合いなどを取り除く。

2 1のガラと生姜を鍋に入れ、かぶるくらいの水を加えて火にかける。沸騰したら(アクが出れば取り除く)弱火にし、30〜40分煮る。

3 2をザルで漉してとった鶏ガラスープに、塩と砂糖を加えて鍋のスープとする。

4 具材のキノコと野菜と豚肉は、それぞれ大皿に盛り付けておく。たれの薬味は、各々の器に入れておく。

5 土鍋に3のスープを入れ、卓上のコンロにのせて火にかける。沸騰したらまず具材のキノコを入れ、5〜10分煮てキノコの旨みや香りをスープに出す。

6 薬味の入った器に5のスープを注いで(1人分50ml)混ぜ、つけだれとする。5の鍋に野菜や肉を入れてさっと火を通し、つけだれにつけながら食べる(鍋の中のきのこも)。

鈴木珠美

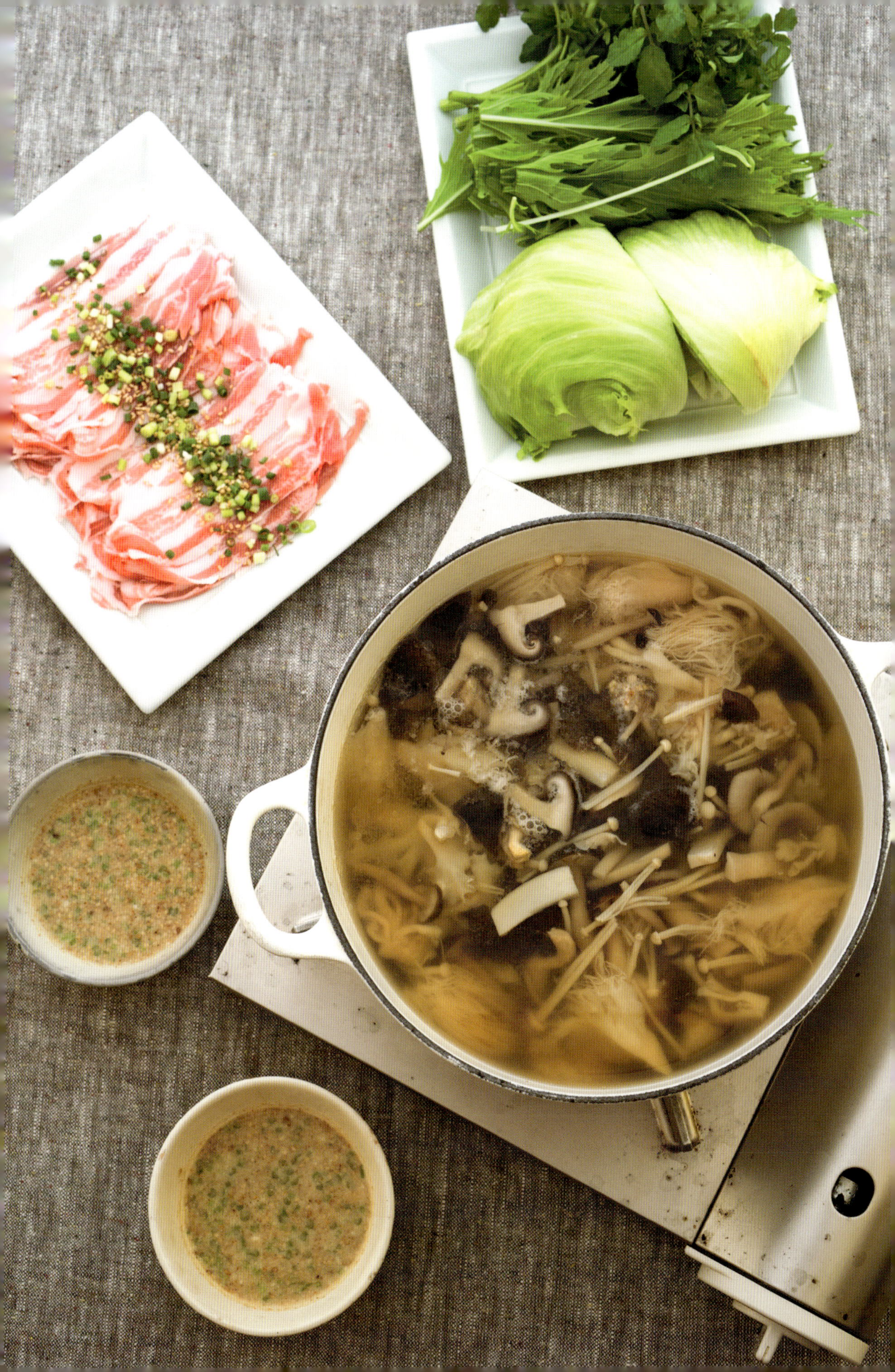

パパイヤサラダのたれ

● 青パパイヤの他、大根などを和えても。揚げ物のつけだれにもなる。
● 冷蔵庫で1週間。

青パパイヤで作る
タイの定番サラダのたれ。

材料(4人分)
ニンニク(薄切り) 1片分
プリッキーヌ(＊小口切り)
　…1～2本分
グラニュー糖… 大さじ1½
レモンの絞り汁
　… 大さじ1½
ナンプラー … 大さじ1/2

すべての材料を混ぜ合わせる。

＊プリッキーヌはタイの生赤唐辛子。なければ国産の生赤唐辛子、または青唐辛子で代用するとよい。

◎ タイ風青いパパイヤのサラダ

材料(4人分)
青パパイヤ…1/2個
└ミョウバン水… 適量
サヤインゲン…4本
プチトマト…5個
桜エビ… 大さじ1
フライドオニオン(市販)
　… 大さじ2
ピーナッツ(砕く)
　… 大さじ4
香菜… 適量
パパイヤサラダのたれ
　(上記参照)… 上記の量

1 青パパイヤは半分に切り、種をスプーンで取り除き、皮をむく。スライサーでせん切りにしてミョウバン水に10分さらし、流水で洗い、ザルに上げて水気をよく切る。
2 サヤインゲンは3cm長さに切り、プチトマトはヘタを除いて半分に切る。
3 ボウルに1、2とその他の材料をすべて入れ、混ぜ合わせる。
4 器に盛り、油で揚げたエビせんべい(タイ製。分量外)を添える。

＊エビせんべいにサラダをのせながら食べる。
＊作り方3は、あればタイの石臼(クロック)にインゲンを入れてすりこぎ(サーク)でつぶし、プチトマト、パパイヤ、その他の材料を加え、材料をつぶしながら混ぜて味をよくなじませる。

鈴木珠美

バジル炒めのたれ

- 鶏肉、豚肉、牛肉、野菜などさまざまな炒め物に。
- 冷蔵庫で1〜2週間。

定番のタイ料理バジル炒めなど、炒め物によく使われる調味料の組み合わせ。

材料(2人分)
オイスターソース
　…小さじ3/4
ナンプラー（またはヌクマム）
　…大さじ1
グラニュー糖…小さじ1/2

混ぜ合わせる。

◎ 鶏肉のバジル炒め

ニンニク、香菜の根、赤唐辛子もプラスして、タイらしい味わい（作り方p.221）。

鈴木珠美

ヌクマムだれ

● 揚げ物にからめる。根菜をマリネする。ゆでた春雨や野菜を和えて春雨サラダになど。●冷蔵庫で1週間。

ヌクマム(ベトナムの魚醤)に甘みと辛みと酸味を加えた万能だれ。

材料(作りやすい量)
ヌクマム(ナンプラーでも可)
　…大さじ2½
スイートチリソース…大さじ2
レモンの絞り汁
　…大さじ1⅔
グラニュー糖…大さじ1
香菜(みじん切り)…5本分
レモングラス(みじん切り)
　…1/2本分

すべての材料を混ぜ合わせる。

◎ 鶏手羽のヌクマム揚げ

材料(2人分)
鶏手羽(手羽元、手羽中、手羽先いずれでも可)…6本
ヌクマムだれ(上記参照)… 上記の量
揚げ油(サラダ油)… 適量
サニーレタス、香菜… 各適量

1　ヌクマムだれをボウルに合わせておく。
2　揚げ油を低温(140℃)に熱し、鶏手羽を入れる。徐々に油の温度を上げながら、10〜15分かけてカリッと揚げ、すぐに1に入れてからめる。
3　サニーレタスを敷いた器に盛り、香菜を添える。

鈴木珠美

補足レシピ

p.40（有馬）
◎山芋の塩辛クリームグラタン

材料
山イモ…適量
塩辛クリーム（p.40参照）…適量
揚げ油（サラダ油）…適量
桃（皮付きのままくし形に切り、ソテーしたもの）…適量

1 山イモは皮付きのまま3cm厚さに切り、素揚げして、油を切る。
2 1の上に塩辛クリームを塗り、オーブンで焼き目がつくまで焼く。
3 器に盛り、ソテーした桃を添える。

＊野菜のおつまみといった一品。下ゆでした大根やジャガイモで作ってもよい。

---

p.42（古屋）
◎そば粉のガレットと
　スモークサーモン
　キャビアとクリームのソース

材料（作りやすい量）
そば粉のガレット
　┌ そば粉…200g
　│ 強力粉…50g
　│ 砂糖…30g
　│ 水…300g
　│ 牛乳…300g
　│ 溶かし無塩バター…30g
　│ 卵…1個
　│ 白コショウ…0.2g
　└ 塩…3g
スモークサーモン
　┌ 生鮭（三枚おろしにした片身）…1枚
　│ ┌ 岩塩…1kg
　│ │ グラニュー糖…150g
　│A│ ミニョネット（つぶした粒コショウ）
　│ │ 　…30g
　│ └ ＊混ぜ合わせる。
キャビアとクリームのソース
　（p.42参照）…適量
マイクロ青紫蘇…少量

1 そば粉のガレットを作る。すべての材料を泡立て器で混ぜ合わせ（粉類を混ぜ合わせてから、合わせた液体類を加えて混ぜる）、冷蔵庫で1時間以上ねかせる。

2 フライパンを熱して1の生地を薄く流し入れ、両面を焼く。
3 スモークサーモンを作る。鮭をバットに置き、全体を覆うようにAをまぶしつけ、冷蔵庫に12時間置いてマリネする。
4 3の鮭を水で洗って少し塩を抜き、網にのせて冷蔵庫に入れ、乾燥させる。
5 中華鍋に桜のスモークチップを入れて火にかけ、網をのせて4の鮭を置き、蓋をして瞬間燻製にする。
6 そば粉のガレットの上に、薄切りにしたスモークサーモンをのせ、キャビアとクリームのソースをかける。マイクロ青紫蘇を散らす。

---

p.46（和知）
◎シーザーサラダ風
　オイルレスサラダ

材料（作りやすい量）
小松菜…1株
サラダホウレン草…1株
レタス…3枚
塩、コショウ…各適量
ディジョンマスタード…大さじ2
タイムビネガー（p.46参照）…適量
クルトン…適量

野菜を食べやすい大きさに切り、塩、コショウ、ディジョンマスタード、タイムビネガーで和える。器に盛り、クルトンを散らす。

---

p.47（有馬）
◎まぐろのタルタル
　スパイス風味

マグロ（中トロ。刺身用）に塩を少量ふって、包丁で細かく刻む。おろしわさびを少量混ぜ合わせ、セルクル型などで丸く形作って皿に盛る。上に刻んだシブレットをたっぷりとのせ、ミックススパイス（p.47参照）を散らす。

---

p.47（和知）
◎鯖サンド

材料（バゲット1/2本分）
バゲット…1/2本
鯖（切り身）…適量
赤玉ネギ（薄切り）…適量
レモン（スライス）…1/2個分
無塩バター…適量
マサラ（p.47参照）…小さじ2

1 鯖をバターで焼き、焼き上がる直前にマサラをからめて香りを出す。
2 バゲットに切り目を入れ、1をレモン、赤玉ネギとともにサンドする。

---

p.48（古屋）
◎洋梨のコンポート
　チョコレートソース、
　メレンゲ添え（ベルエレーヌ）

材料（作りやすい量）
洋梨のコンポート
　┌ 洋ナシ…1個
　│ 白ワイン…200ml
　│ 水…200ml
　└ グラニュー糖…40g
メレンゲ
　┌ 卵白…60g
　│ グラニュー糖…10g
　│ コーンスターチ…7g
　└ トレハロース…40g
チョコレートソース（p.48参照）
　…適量

1 洋梨のコンポートを作る。洋ナシは皮をむいて縦半分に切り、種を除く。
2 鍋に白ワインを入れて沸かし、アルコール分を飛ばす。分量の水とグラニュー糖を加えて溶かし、1の洋ナシを入れて煮る。
3 5～10分ほど煮て、洋ナシに火が入ったら火を止め、そのまま冷ましておく。
4 メレンゲを作る。卵白とグラニュー糖を合わせて泡立てる。
5 コーンスターチとトレハロースを合わせてふるったものを、4に加えてさっくり合わせる。
6 オーブンシートを敷いた天板に

5を絞り袋で絞り、120℃のオーブンで1時間ほど焼く。
7 3の洋梨のコンポートを適当な幅のくし形に切って器に盛り、チョコレートソースをかける。6のメレンゲを添える。

---

p.74(有馬)
◎サルスィッチャの
　パプリカ詰めニンニクソース

材料
サルスィッチャ(作りやすい量)
┌豚挽き肉…300g
│ニンニク(みじん切り)…1/4粒分
│味噌…小さじ2
│ローズマリー、ナツメグ(好みで)
│　…各少量
└ ＊すべての材料を混ぜ合わせる。
パプリカ(小)…適量
ニンニクソース(p.74参照)…適量
オリーブ油、小麦粉…各適量

1 パプリカを半分に切り、種を除く。
2 1にサルスィッチャをこんもりと詰めて、上に薄く小麦粉をつける。
3 フライパンを熱してオリーブ油をひき、2の肉側を下にして入れ、焼き色をつける。
4 3を裏返し、パプリカ側を下にして焼く(肉汁がパプリカの中に落ち、熱せられた油と肉汁でパプリカを焼いていく)。
5 4を器に盛り、ニンニクソースを上に塗る。

---

p.76(和知)
◎パセリとレタスのサラダ

材料(2人分)
パセリ…20g
イタリアンパセリ…20g
サニーレタス(一口大)…1枚分
┌醤油…大さじ1
│赤ワインビネガー…大さじ1/2
A│ゴマ油…大さじ1/2
│自家製タバスコ(p.76参照)
└　…少量(隠し味)

野菜を合わせ、Aで和える。

---

p.77(有馬)
◎トマトのパンがゆ

材料(作りやすい量)
パンのソース(p.77参照)…200g
ブロード…適量
ソフリット(p.72参照)…大さじ3〜4
トマトソース(p.59参照)…200g
イタリアンパセリ(粗みじん切り)
　…適量
E.V.オリーブ油、塩…各適量
パルミジャーノ・レッジャーノ・チーズ
　…適量

1 パンのソース、ブロード、ソフリット、トマトソースを鍋に合わせて火にかけ、よく煮込む。塩で味を調える。
2 器に盛り、オリーブ油をまわしかけ、イタリアンパセリを散らし、すりおろしたパルミジャーノ・チーズを添える。

＊イタリアの家庭料理。食べるスープ、といった一品

---

p.81(和知)
◎おしゃれポテサラ

材料(作りやすい量)
ジャガイモ(ゆでたもの)…1個
ゆで卵(粗く刻んだもの)…1個分
グリーンオリーブ(粗く刻んだもの)
　…10個分
インゲン(ゆでて食べやすい大きさに切ったもの)…3本分
豆腐マヨネーズ(p.80参照)
　…大さじ2
塩、コショウ…各適量
ドライトマト(せん切り)…1枚分

1 ジャガイモを粗くつぶしながら、ゆで卵、オリーブ、インゲンと合わせ、豆腐マヨネーズと塩、コショウで味を調える。
2 抜き型を使って盛り付け、ドライトマトを飾る。

---

p.81(和知)
◎卵焼きサンド

材料(2〜4人分)
卵…3個
無塩バター…15g
塩、コショウ…各適量
豆腐マヨネーズ(p.80参照)
　…大さじ1
食パン(8枚切り)…4枚

1 食パンをトーストし、片面に豆腐マヨネーズを塗っておく。
2 直径15cmのテフロン加工のフライパンにバターを入れ、火にかける。
3 塩、コショウで下味をつけた溶き卵を2に流し入れ、オムレツを作る。
4 オムレツを半分に切り、1のパン2枚でそれぞれサンドする。食べやすい大きさに切り分ける。

---

p.81(和知)
◎ワカモレ

材料(作りやすい量)
アボカド(完熟)…1個
ライムの絞り汁　1個分
豆腐マヨネーズ(p.80参照)
　…大さじ2
塩、コショウ…各適量

アボカドの果肉をつぶし、豆腐マヨネーズとライムの絞り汁を加え、塩、コショウで味を調える。

＊好みで刻んだ香菜や、タバスコを加えてもよい。
＊トルティーヤチップスを添えて供する。

---

p.83(古屋)
◎みかんのアイスクリーム
　みかんのジュレを添えて

材料
みかんのアイスクリーム
┌みかんの果汁…適量
│シロップ(ボーメ30度)…適量
│ビドフィックス(安定剤)
└　…適量(必要なら)
コアントローのグラニテ(作りやすい量)

```
┌ コアントロー…500g
│ 水…500g
└ グラニュー糖…200g
```
みかんのジュレ（p.83参照）…適量
みかんの粉末（みかんの皮を乾燥させ、ミルで粉末にしたもの）…少量

1　みかんのアイスクリーム：みかんの果汁にボーメ30度のシロップを加えて、糖度（ブリックス）を22％にする。必要であれば、ビドフィック（安定剤）を加え、アイスクリームマシンにかける。
2　コアントローのグラニテ：コアントローを鍋に入れて火にかけ、アルコール分を飛ばした後、分量の水とグラニュー糖を加えて溶かす。冷ましてバットに流し、冷凍庫に入れる。途中で何度か砕きながら凍らせて、グラニテにする。
3　器にみかんのジュレを敷いてみかんのアイスクリームを盛り、コアントローのグラニテをのせ、まわりにみかんの粉末を散らす。

---

p.94（古屋）
◎いかすみのリゾット

材料（作りやすい量）
米…100g
無塩バター…20g
エシャロット（みじん切り）…小さじ1
いかすみのソース（p.94参照）
　　…大さじ2
```
┌ パルミジャーノ・レッジャーノ・
A　チーズ（すりおろし）…小さじ1
└ 無塩バター…小さじ1
```
塩、コショウ…各適量
ヤリイカ（切り身）…4切れ
オリーブ油…適量
マイクロ赤紫蘇…少量

1　鍋にバターとエシャロットを入れて炒める。
2　1に米を入れて炒め、115gの水を入れて沸かし、15分煮る。
3　2の米を大さじ3杯取って別鍋に入れ、いかすみのソースを加えて温める。Aを加えて混ぜ、塩、コショウで味を調える。
4　ヤリイカは片面に格子状に切り目を入れ、オリーブ油をひいたフライパンでさっとソテーする。
5　3のリゾットを器に盛り、4のイカをのせ、マイクロ赤紫蘇を散らす。

---

p.107（有馬）
◎うさぎのロートロ
　タルタルソース添え

材料（作りやすい量）
ウサギの背肉…1羽分
ウサギ肉の挽き肉…350g
卵…1個
ソフリット（p.72参照）…大さじ3
ニンニク（すりおろし）…少量
塩、コショウ…各適量
ローズマリー（みじん切り）…適量
タルタルソース（p.107参照）
　　…大さじ3
サルサ・ヴェルデ（p.53参照）
　　…大さじ1
パセリオイル（イタリアンパセリに太白ゴマ油を加えてミキサーにかけたものの、上澄みオイル）、オリーブ油…各少量

1　ウサギの背肉は腹開きにし、骨を抜く。
2　ウサギの挽き肉、卵、ソフリット、ニンニク、塩、コショウを混ぜ合わせ、ローズマリーを加えてよく練る。
3　1の肉に2をのせて巻き、アルミホイルで包んでタコ糸でしばり、オーブンでローストする。
4　タルタルソースにサルサ・ヴェルデを混ぜ合わせる。
5　3を食べやすい厚さに切り分けて器に盛り、4を添える。パセリオイルとオリーブ油をまわしかける。

＊ウサギ肉の代わりに鶏肉（胸肉、モモ肉）で作ってもよい。

---

p.132（江﨑）
◎菜の花のお浸し

材料（1人分）
菜の花…4～5本
松の実…4～5粒
美味だし（p.132参照）…適量

1　菜の花は下ゆでして冷水にとり、水気を切った後、美味だし（わさびを加えていないもの）に5分浸けて下味をつける。
2　1の菜の花を軽く絞り、新たな美味だし（わさび入り）で和えて器に盛り、更に美味だし（わさび入り）をかけ、直前にさっと煎った松の実を散らす。

---

p.154（菰田）
◎えびのスパイシー
　マヨネーズ炒め

材料（2人分）
むきエビ（16/20サイズ）…6尾
わさび菜、キンカン、赤パプリカ
　　…各適量
```
┌ 塩、コショウ…各少量
│ 酒…小さじ1/2
A
│ 卵白…大さじ2
└ 片栗粉…大さじ1
```
馬垃醬（p.154参照）…大さじ4
サラダ油…適量

1　むきエビは少量の塩と片栗粉（各分量外）を加えてもみ、水洗いして汚れを落とし、クッキングペーパーなどで水気を取って、Aで下味をつける。
2　わさび菜、キンカン、赤パプリカは、食べやすい大きさに切っておく。
3　鍋にサラダ油を熱し、1のエビを入れて油通しする。
4　油をあけた3の鍋にエビを戻し、馬垃醬を加えて加熱しながらエビにからめる。器に盛り、2のサラダを添える。

p.157（菰田）
◎定番！ケチャップ味の酢豚

材料（2人分）
豚肩ロース肉…120g
A ┌ ピーマン…1/3個
　├ 玉ネギ…20g
　├ 黄パプリカ…1/4個
　└ 干しシイタケ…1枚
B ┌ 塩、コショウ…各少量
　├ 酒…小さじ2
　├ 醤油…小さじ1/2
　├ 卵（溶き卵）…大さじ3
　└ 片栗粉…大さじ2
糖醋ソース（p.157参照）…100ml
片栗粉…適量
揚げ油（サラダ油）…適量

1　豚肩ロース肉は1切れ20gほどの大きさに切り、Bで下味をつける。
2　干しシイタケは水に浸けて戻す。Aの材料はすべて1cm角に切る。
3　鍋に揚げ油を熱し、160℃くらいになったら1の豚肉に片栗粉をまぶして入れる。火が通ったら、揚げ上がりに2の野菜も加え、手早く油を切る。
4　油をあけた3の鍋に糖醋ソースを入れて火にかけ、ソースにとろみがついたら3の材料を戻し入れ、全体にソースをからませる。

p.158（菰田）
◎鶏モモ肉のチリソース

材料（2人分）
鶏モモ肉…1枚（300g）
サラダミックス…適量
長ネギ（みじん切り）…大さじ2
チリソース（p.158参照）…200ml
A ┌ 塩…ひとつまみ
　├ コショウ…少量
　├ 酒…小さじ2
　├ 醤油…小さじ1/2
　├ 卵（溶き卵）…大さじ2
　└ 片栗粉…大さじ1
B ┌ 水…小さじ2
　└ 片栗粉…小さじ2
卵（溶き卵）…小さじ1
酢…小さじ1/3

揚げ油（サラダ油）…適量

1　鶏モモ肉は、1切れ25gほどの大きさに切り、Aで下味をつけておく。
2　Bを合わせて水溶き片栗粉を作る。
3　中華鍋に揚げ油を熱し、1の鶏肉を入れて揚げる。しっかり火が通ったら、油を切っておく。
4　油をあけた3の鍋にチリソースを入れ、3の鶏肉を戻し入れて軽く煮たら火を止め、ネギのみじん切り、2の水溶き片栗粉を入れて混ぜる。全体になじんだら強火でしっかり片栗粉に火を通し、仕上げに溶き卵と酢を加える。
5　器に盛り、サラダを添える。

p.159（菰田）
◎牛肉の咖哩醬炒め

材料（2人分）
牛モモ肉…120g
ジャガイモ（メークイン）…1個
ピーマン…1個
塩、コショウ…各少量
コーンスターチ…大さじ1
A ┌ 咖哩醬ソース（p.159参照）
　│　　…大さじ1½
　├ 上白糖…小さじ2
　├ 酒…大さじ1
　├ 酢…小さじ1/3
　├ 醤油…小さじ1
　├ 鶏ガラスープ…大さじ1
　└ 片栗粉…小さじ1/3
サラダ油…適量

1　牛肉、ジャガイモ、ピーマンはすべて4cm長さ、1cm角の拍子木切りにする。ジャガイモは水にさらしてデンプンを落とし、セイロで10分蒸しておく。牛肉は塩、コショウで下味をつけ、コーンスターチをまぶしておく。
2　Aの調味料をボウルに合わせておく。
3　1の材料を、熱したサラダ油に入れ、温度を徐々に上げて表面がカリッとしたら油を切る。
4　油をあけた鍋に3の材料を戻し入れ、2の調味料を加えて味つける。

p.169（菰田）
◎旨辛ソースの水餃子

材料（2人分）
豚挽き肉…100g
セロリ…25g
ワンタンの皮…10枚
A ┌ 塩…ひとつまみ
　├ コショウ…少量
　├ 酒…大さじ1
　├ 醤油…小さじ1/2
　├ 生姜（すりおろし）…小さじ1/2
　├ 卵（溶き卵）…大さじ1
　├ 葱姜水＊…大さじ2
　├ 片栗粉…大さじ1/2
　└ ゴマ油…少量
旨辛胡麻ソース（p.169参照）
　…大さじ4

＊葱姜水：ネギの青い部分と生姜の皮を水の中でもんで、香りを移した水。

1　セロリは筋をむき、細かいみじん切りにする。
2　豚挽き肉に1を合わせ、Aを加えてよく混ぜ合わせる。適量ずつワンタンの皮で包む。
3　たっぷりの湯で2をゆでる。火が通ったら水気を切り、器に盛って旨辛胡麻ソースをかける。

p.170（菰田）
◎魚の蒸し物
　特製醤油ソースがけ

材料（2人分）
魚（ここではイサキを使用）…1尾
A ┌ 塩、コショウ…各少量
　├ 酒…大さじ2
　├ 長ネギ…適量
　├ 生姜…適量
　└ ＊ネギ、生姜は、料理にあまり使わない皮や緑の部分でもよい。
B ┌ 長ネギ…1本
　└ 香菜…適量
ピーナッツ油…大さじ2
蒸し魚ソース（p.170参照）…100ml

1　魚ははらわたやエラ、うろこを掃除し、Aをまぶしつけて下味をつけておく。
2　Bの長ネギは細切りにし、香菜

は適当な大きさにちぎっておく。
3 1の魚を（ネギや生姜も一緒に）セイロで蒸し上げる。
4 3の魚に火が通ったらネギ、生姜をはずして器に盛り、2の長ネギをのせ、高温（200℃以上）に熱したピーナッツ油をネギにかけて香りを出す。
5 蒸し魚ソースを温めて魚にかけ、2の香菜を添える。

---

p.206（鈴木）
◎バイン・セオ
　（ベトナム風お好み焼き）

材料
（4人分。直径24cmのフライパンで2枚分）
エビ…8尾
酒…大さじ1
塩…少量
もやしナムル
┌ もやし（ヒゲ根を取ったもの）
│　　…300g
│ 塩…小さじ1/2
│ ゴマ油…小さじ1½
└ 白煎りゴマ…小さじ2
生地
┌ 米粉（台湾製。上新粉で代用可）
│　　…70g
│ 小麦粉…30g
│ 塩…2つまみ
│ ターメリック…少量
│ 細ネギ（小口切り）…3本分
└ 水…1¼カップ強
A┌ サニーレタス、大葉、ミント、香菜
　└ 　…各適量
なます入りヌクチャム（p.206参照）
　…適量
米油…適量

1 エビは背ワタを取り、酒と塩を加えた熱湯でゆでて火を通し、冷めたら殻をむく。
2 もやしナムルを作る。鍋にもやしとかぶるくらいの水を入れて強火にかけ、沸いたらザルに上げて水気をよく切る。もやしが熱いうちに、塩、ゴマ油、煎りゴマを加えて和える。
3 片口の計量カップに生地の材料を入れ、泡立て器でよく混ぜ合わ

せる。
4 フライパンに米油を薄くひき、強めの中火で熱する。3の生地を混ぜ直して半量流し、薄くのばす。表面が乾いてきたら、生地とフライパンの間に米油（大さじ3〜4）を流し入れる。
5 生地が膨らまないよう、フライ返しでときどき押さえ、両面がキツネ色になるまで揚げ焼きする。両面がパリパリになったら油を捨て、手前半分にもやしナムルとエビを半量ずつのせ、生地を半分に折りたたむ。
6 5を器に盛り、Aとなます入りヌクチャムを添える。サニーレタスに、食べやすく切った5やハーブをのせて包み、たれにつけて食べる。

---

p.211（鈴木）
◎香菜のサラダ

材料（4人分）
香菜…2束（120g*）
香菜ジェノベーゼ（p.211参照）
　…適量
A┌ フライドオニオン（市販）…適量
　│ コリアンダーシード（砕く。
　│　パウダーでも可）…少量
　│ フレッシュコリアンダーシードの
　│　ピクルス（自家製。なくてもよい）
　└　…小さじ1〜2

*香菜120gのうち、茎と根を合わせて60g分をソース（香菜ジェノベーゼ）に使用する。

香菜は3cm長さに切る。ボウルに入れ、香菜ジェノベーゼを適量加えて和える。器に盛り、Aを散らす。

p.215（鈴木）
◎鶏肉のバジル炒め

材料（2人分）
鶏モモ肉…150g
玉ネギ…1/4個
ピーマン…1個
カラーピーマン（赤）…1個*
　*または赤パプリカ1/4個
スイートバジル…30g
スリースパイス
┌ ニンニク…1片
│ 香菜の根…2〜4本分
│ 生赤唐辛子（あればプリッキーヌ）
└　…2本
バジル炒めのたれ（p.215参照）
　…p.215の量
サラダ油…大さじ1

1 鶏肉は1.5cm角に切る。玉ネギは1.5幅のくし形に切る。ピーマンとカラーピーマンは縦1.5cm幅に切った後、斜めに切ってひし形にする。
2 香菜の根はヒゲ根をハサミで除き、ニンニクは芯を除き、赤唐辛子とともにクロック（タイの石臼）またはすり鉢でペースト状につぶす（または包丁でみじん切りにする）。
3 フライパンにサラダ油をひいて熱し、2を炒める。香りが出たら鶏肉を入れて炒め、水大さじ2を加えて中まで火を通す。
4 3に玉ネギ、ピーマン、カラーピーマンを加えて炒め合わせ、バジル炒めのたれを加えて調味し、バジルを加えてさっと混ぜ合わせる。
5 器に盛り、あればバジル（分量外）を飾る。

*2のペーストは、材料が手に入るときに多めに作り、ラップフィルムに広げ、シート状にして冷凍してもよい。必要な分だけ切り取って使用する。

シェフの紹介

古屋壮一（ふるや そういち）

1975年、東京生まれ。調理師学校卒業後、新宿の京王プラザホテルや広尾「アラジン」、八王子「モンモランシー」などを経て、26歳で渡仏。パリの「ル・クロ・ド・グルメ」「ルカ・カルトン」、コレット地方の「オテル・ドゥ・ラ・トゥール」などで修業をする。帰国後「ビストロ・ド・ラ・シテ」（東京・西麻布）のシェフを5年務め、2009年11月、白金台に「ルカンケ」をオープン。クラシカルなフランス料理の技法、エスプリを取り入れながらも、現代の形、味、料理を作り上げている。

REQUINQUER（ルカンケ）
東京都港区白金台5-17-11
TEL　03-5422-8099

和知徹（わち とおる）

1967年、兵庫県淡路島生まれ。高校卒業後、辻調理師専門学校に入学し、翌年、半年間のフランス校での研修と残りの半年間はブルゴーニュの1ツ星で働く。帰国後、「レストランひらまつ」入社。在籍中にパリの1ツ星で研修し、帰国後、ひらまつ系列の飯倉「アポリネール」料理長に就任。退職後、'98年銀座「グレープガンボ」の料理長を3年務める。2001年独立、「マルディ グラ」（東京・銀座）をオープン。豪快で骨太なフランス料理を提供する。特に肉料理で有名だが、野菜のおいしさにも定評がある。

マルディ グラ
東京都中央区銀座8-6-19　B1（並木通り）
TEL　03-5568-0222

有馬邦明（ありま くにあき）

1972年、大阪府生まれ。調理師学校卒業後、1996年に渡伊。ロンバルディアやトスカーナで2年間修業を積む。帰国後、東京や千葉のイタリア料理店でシェフを務め、2002年東京・門前仲町に「パッソ ア パッソ」をオープン。人情味あふれる下町を愛し、町内会の神輿も担ぐ。旬の食材を求めて全国を駆け回り、生産者の思いを聞く。また、米作りには自らも携わる。素材にとことんこだわり、季節の味を最大限活かす料理が人気を集める。

パッソ ア パッソ
東京都江東区深川2-6-1　アワーズビル1F
TEL　03-5245-8645

吉岡英尋（よしおか ひでひろ）

1971年、東京都生まれ。料理学校卒業後、静岡・東伊豆の「つるやホテル」に入社。その後、神奈川・鎌倉の懐石料理「山椒洞」、東京・新宿の日本料理「蝦夷御殿」、銀座のふぐ料理「山田屋」といった、異なる業態の店で修業を重ね、2000年東京・恵比寿に「なすび亭」を開店する。2012年、旧店舗から20mほどの場所に移転し、30席に増床。2015年、地区の再開発事業のために2度めの移転。2016年より現店舗で営業している。

なすび亭
東京都渋谷区恵比寿南2-13-3
TEL　080-4622-0730（予約・お問合わせ専用）
http://www.nasubitei.com

江﨑新太郎 (えざき しんたろう)

1962年、東京生まれ。大学卒業後、日本料理の道へ進む。赤坂の料亭「山崎」をはじめ、東京と京都の料理店で修業を重ね、'94年に独立。青山・骨董通りに「青山えさき」を開店。2005年に外苑前に移転。料理の基本は修業中に叩き込まれた京懐石だが、関東の日本料理や世界各国の料理の勉強も積みながら、独自の「えさき料理」を日々創り出している。2018年9月に山梨県八ヶ岳山麓へ移転。「八ヶ岳えさき」として営業している。

八ヶ岳えさき
山梨県北杜市大泉町谷戸5771-210
TEL　0551-45-8707

菰田欣也 (こもだ きんや)

1968年、東京都生まれ。大阪あべの辻調理師専門学校へ入学。授業にて陳建一氏と出会う。1988年赤坂四川飯店へ入社。陳氏のもとで修業を始める。2001年、セルリアンタワー東急ホテル内のスーツァンレストラン陳渋谷店の料理長に就任。2004年第5回中国料理世界大会へ出場。個人熱菜部門において、日本人初の金賞を受賞。2009年日本中国料理協会「陳建民中国料理アカデミー賞」、2011年「東京都優良調理師知事賞」を受賞。2012年四川飯店グループ取締役総料理長就任。2014年公益社団法人日本中国料理協会専務理事に就任。2017年四川飯店グループを退社し独立。東京五反田と麻布十番で火鍋専門店「ファイヤーホール4000」を、南青山で「4000チャイニーズレストラン」を経営しながら、幅広く活躍している。著書に「菰田欣也の中華料理名人になれる本」(柴田書店刊)等がある。

4000 Chinese Restaurant (4000チャイニーズレストラン)
東京都港区南青山7-10-10　パークアクシス南青山7丁目
TEL　03-6427-9594

金順子 (キム スンジャ)

韓国釜山出身。韓国料理店激戦区、東京・赤坂の中でも超人気店「どんどんじゅ」のオーナーシェフ。これまでの韓国料理店のイメージにはない、シンプルでセンスあふれる店内で供される、食材はもちろん器や盛り付けにもこだわった料理は、新感覚ながらも家庭的な温かみのあるおいしさで定評がある。テレビや雑誌でも活躍。著書に「たれさえあれば、韓国料理」(文化出版局刊)他がある。

どんどんじゅ
東京都港区赤坂3-6-13　アニマート赤坂1F
TEL　03-5549-2141

おんがね十番　(姉妹店)
東京都港区麻布十番1-3-8　PLAZA102
TEL　03-3586-0200

鈴木珠美 (すずき ますみ)

東京・西麻布のベトナム料理店「kitchen.(キッチン)」店主。ベトナムに2年間滞在し、料理人や料理研究家のもとで修業する。帰国後すぐにkitchen.をオープン。野菜やハーブをたっぷりと豪快に使い、繊細な感覚で形にした料理が評判を呼び、多くのベトナム料理ファンを生む。雑誌や書籍でも活躍。シンプルで作りやすく、おいしいレシピに定評がある。「ベトナムおうちごはん」(扶桑社刊)、「はじめてのベトナム料理」(共著。柴田書店刊)等の著書がある。

kitchen. (キッチン)
東京都港区西麻布4-4-12　ニュー西麻布ビル2F
TEL　03-3409-5039
http://www.fc-arr.com/site/kitchen.html/

Càfê Hai (カフェ ハイ)
東京都江東区三好4-1-1
東京都現代美術館2F
TEL　03-5620-5962

プロの味を決める

ソース・たれ・ドレッシング・合わせ調味料

— 和・洋・中・韓・ベトナム・タイの、簡単で"使える"ソース201＋活用料理201品 —

初版発行　2015年 9 月10日
4 版発行　2020年 6 月20日

編者ⓒ　　柴田書店

発行者　　丸山兼一
発行所　　株式会社 柴田書店
　　　　　東京都文京区湯島3−26−9 イヤサカビル　〒113-8477
　　　　　電話　営業部　03-5816-8282（注文・問合せ）
　　　　　　　　書籍編集部　03-5816-8260
　　　　　URL　　http://www.shibatashoten.co.jp

印刷・製本　図書印刷株式会社

本書掲載内容の無断掲載・複写（コピー）・引用・データ配信等の行為は固く禁じます。
乱丁・落丁本はお取替えいたします。

ISBN978-4-388-06217-1
Printed in Japan